江小北与龙小山的法律学习之旅

中华传统文化中的法律智慧

主　编｜张　松　刘　俊
副主编｜陈　雨　程薪诺

法律出版社 LAW PRESS · CHINA
北京

图书在版编目(CIP)数据

中华传统文化中的法律智慧 / 张松，刘俊主编 ；陈雨，程薪诺副主编. -- 北京 ：法律出版社，2023(2025.10 重印)
(江小北与龙小山的法律学习之旅)
ISBN 978-7-5197-8257-3

Ⅰ. ①中… Ⅱ. ①张… ②刘… ③陈… ④程… Ⅲ. ①法的理论-研究-中国 Ⅳ. ①D920.0

中国国家版本馆 CIP 数据核字（2023）第 163653 号

中华传统文化中的法律智慧
ZHONGHUA CHUANTONG WENHUA ZHONG DE FALÜ ZHIHUI

张 松 刘 俊 主 编
陈 雨 程薪诺 副主编

策划编辑 冯雨春 李 军
责任编辑 冯雨春 李 军
装帧设计 汪奇峰 贾丹丹

出版发行 法律出版社
编辑统筹 法律应用出版分社
责任校对 晁明慧 王 皓
责任印制 刘晓伟
经 销 新华书店

开本 710 毫米×1000 毫米 1/16
印张 11.25 **字数** 115 千
版本 2023 年 11 月第 1 版
印次 2025 年 10 月第 2 次印刷
印刷 天津嘉恒印务有限公司

地址：北京市丰台区莲花池西里 7 号（100073）
网址：www.lawpress.com.cn
投稿邮箱：info@lawpress.com.cn
举报盗版邮箱：jbwq@lawpress.com.cn

销售电话：010-83938349
客服电话：010-83938350
咨询电话：010-63939796

书号：ISBN 978-7-5197-8257-3
定价：48.00 元
凡购买本社图书，如有印装错误，我社负责退换。电话：010-83938349

总 序 General Preface

让我们一起开启一场有“yi”的法律之旅吧

一

在法学教育工作中，我们观察到一个现象：孩子们选择法学专业的原因种种不一，但往往有迹可循。

譬如说，有的孩子怀有与生俱来的正义感，在他们朴素却真挚的情感里，法官能够手执天平，捍卫世间公平正义；律师能够口若悬河，拯救众生于泥淖。当然，在这些孩子眼里，最有光环的还是警察和检察官，他们头顶国徽，一身正气地代表国家除尘涤垢。

还有的孩子要现实得多。他们或是目睹至亲陷入法律困局而无法自救，或是听闻好友权益受损但不知所措，虽心有戚戚却力有不逮，遂立志精研法律以解心结。还有一些孩子因亲友经商，而近水楼台地窥见了商业运作的真相，他们早熟的规则和权利意识令人讶异。

当然，因为“喜欢”而选择法学专业的才是大多数，只不过喜欢法律的原因富有浓郁的年代气息。40岁左右的法律人，大多是因为港片而初识法律，不少人在入门后方知所要面对的全然不同于港片中描述的那样，电视剧中的法政先锋、律政精英只能停留在儿时的回忆之中。再年轻些的，深受《今日说法》的熏陶，每天午间都有一个离奇、惊悚或唏嘘的法律故事吸引着他们，这些故事来自生活又高于生活，不断刷新着想象力，“诱惑”着他们把法律职业作为毕生挑战。最近这几年，孩子们的答案大多是“罗翔”，不得不说罗翔老师的“出圈”，推动了中国法治建设，至少是中国法治教育的巨大进步，他荣获“CCTV 年度法治人物”，实至名归。

可以说，除了一些“随便”“都行”的孩子之外，学习法学的动机大体可以用有意义、有益处、有意思来概括。

二

2020 年 9 月 15 日，南京市江北新区少年法学院正式挂牌成立。

如何把少年法学院办好？如何用孩子乐于接受的叙事方式普及法律知识？如何让法律成为孩子的守护神？如何培养孩子的法律思维，让法律像水和空气一样成为日常必需品？这样一个重大且重要的课题摆在了我们面前，我们虽觉责任重大，但又内心雀跃，因为对我们而言，即将开启的是一场有意义、有益处、有意思的青少年普法之旅。

这三年来，我们坚持每天推出“法治小课堂”，定期拍摄法治微视频，为孩子们营造浓厚的法治氛围。我们坚持每个月开展一场德法课师资培训、法治课堂或家长课堂，有关《宪法》《民法典》《未成年人保护法》《家庭教育促进法》《个人信息保护法》等主题的20多场专题讲座，显著提升了师生的法治素养。我们坚持每年举行一次青少年法治活动，如法治故事大赛、模拟法庭大赛、法治书画大赛以及规划中的法治情景剧大赛等，覆盖新区所有中小学，孩子们通过沉浸式参赛体验，达到了自我教育的效果。我们坚持每年开展青少年法治宣传教育周、宪法日等活动，让法治节日成为孩子成长道路上的重要印迹。

应当说，少年法学院的工作有声有色，但我们内心总还是有些忐忑：通过几次讲座、几场活动，孩子们真的能准确地理解精深的法律知识吗？课堂和活动的热闹退去，孩子们脑海中的法律知识还能残存几许？高度抽象的法律知识如何映射到日常生活中，孩子们是否能够举一反三，用法律来武装自己？

三

一个偶然的机会，让我们找到了答案，也直接促成了本套丛书的问世。

2021年，我们受邀到一个中学开展法治读书会活动。十几岁的孩子，当然得读青少年普法读物。于是，我们到网上商城选购了一些，翻阅后却发现没有特别合适的读物。有的只是对法律条文进行释义，有的通过百余字的案例来解读法律制度，还有的以绘本形式来迎合青少年的阅读需求。更让我们吃惊的是，不少读物差不多是5到10年前出版的，没有结合法律的修订更新版本。反复比较后，我们选中的是一本少年文学作家写的法律故事书，故事虽然生动，但某些表述并不准确。

这一现状激发了我们调研的热情。

我们发现，中小学《道德与法治》课程中，小学部分涉及

30部法律法规，中学部分涉及50部法律法规、6部条例和司法解释。教材有限的体量，显然无法呈现精深的法律知识全貌。况且，目前中小学使用的人教版《道德与法治》教材是2017年出版的，关于《宪法修正案》《民法典》《刑法修正案》《个人信息保护法》《长江保护法》《家庭教育促进法》《反食品浪费法》等最新立法都无从体现。

同时，我国中小学尚未配备一支具有法律专业背景的德法课教学师资队伍。部分德法课教师对法学基础理论、法律规范内容都是一知半解，在教学过程中经常有想不清、拿不准、说不对的情况；如果学生的提问超出教材范围，教师们往往无法解答，他们迫切需要一套权威、翔实、实用的参考书目。

毫无疑问，编写一套青少年法治教育读物，不仅是一件特别有益的事情，而且是一项有意义的工作。

四

我们在编写前，确定了几个基本的原则。

第一，要融入习近平法治思想、社会主义核心价值观与基础法学理论。本套丛书不仅仅简单地通过案例故事，链接法规法条，讲述行为规范，更注重坚持马克思主义立场观点方法，植根于中华优秀传统法律文化，比较人类法治文明的成果，潜移默化地讲清讲透坚持党的领导、坚持以人民为中心、坚持建设中国特色社会主义法治体系等宏大命题的理论基础和现实意义，深入浅出地阐释依法治国与以德治国、社会主义核心价值观与依法治国的内在统一关系，初步建立学生对法的概念、对象、本质、价值等基础法学理论的直观、形象、科学的认知。

第二，动态呈现最新立法理念和成果。要科学及时地反映中国特色社会主义法治体系建设的最新成果，融入《宪法修正案》《民法典》《刑法修正案》《个人信息保护法》《长江保护法》《家庭教育促进法》《反食品浪费法》等最新法律法规。并以修订本、在线教学资源、视频教学资源等形式实时动态反映立法、执法与司法的最新成果。

第三，贴合青少年现实需求，分类编写系列法律读物。以法学二级学科为主要依据，以与青少年成长密切相关的法律问题为主要内容，第一辑先行编写宪法、民法典、未成年人保护法、环境保护法等分册，并陆续推出刑法、反电信网络诈骗法、行政处罚法、消费者权益保护法以及应对气候变化、公共卫生与自然灾害应急管理等领域的读物。

第四，尊重中小学教学规律，填补青少年法治教育资源空白。在编写中严格遵循教育学、心理学等学科的基本规律，同时依托江北新区少年法学院，对每一章节进行试讲试用，根据课堂教学反馈调整完善，确保本套丛书文字简练、语言生动、贴近生活、故事性强，成为青少年喜闻乐见的教辅读物。

第五，充分吸收中华优秀传统法律文化与人类法治文明优秀成果。出版中华法治小故事和世界法治小故事分册，以中华优秀传统法律文化增强“四个自信”，从人类法治文明的优秀成果中拓宽视野，做到包容开放。这也是当前市面所售的青少年法治读物从未有过的尝试。

五

给孩子写的法律书，必须是有趣的。

我们把故事的主人公设置为在江北新区工作、学习的一家四口。

江小北是八年级女生，今年 14 岁，成绩优秀，乖巧懂事，富有正义感和同理心；龙小山是江小北的弟弟，今年 8 岁，刚上二年级，成绩中等，懵懂淘气，富有好奇心和创造力。小山随爸爸姓，小北随妈妈姓。

龙爸爸是一家生物医药公司的首席科学家，今年45岁，兢兢业业，事业处于上升期，对孩子们细致耐心，热心于公益事业；江妈妈是一家电子商务公司的销售主管，42岁，公司的业务骨干，也是孩子们生活和精神上的依赖。

我们身边是不是有很多这样的家庭，甚至我们自己就生活在这样一个温暖的家庭中呢？在他们身上发生的很多开心的事、头疼的事、难过的事，也一定是在我们生活中所经历过的。

但是，无论遇到什么样的事情，你会发现，江小北和龙小山他们一家人只要正确地运用法律武器，就能够保护自己、帮助他人、维护公平正义。他们在法律的学习之旅中不断进阶，法律知识也日益融入他们的日常生活。

相信随着阅读的深入，你会喜欢上这一家人，会为他们的收获而开心，为他们的困难而担心，为他们的烦忧而难过。更重要的是，在这样一段有“yi”的法律旅程中，你也一定能成长为法律知识小达人。

六

最后照例是感谢。

除了有意义、有益处、有意思，“yi”还有很多特殊的含义。

（1）始终如“yi”（一）。本套丛书的问世离不开南京信息工程大学、江北新区综合治理局、江苏博事达律师事务所等单位领导的高度认可，尽管这不能算作任何一家单位的KPI（关键绩效指标），但他们自始至终给予了最大的人力和物力支持。

（2）深厚情“yi”（谊）。本套丛书的问世得到了很多朋友的无私帮助。江北新区教育和社会保障局、南京信息工程大学附属实验小学、南京建宁中学等诸多单位的志同道合者，为丛书贡献了许多“金点子”，并提供了调研和试讲的机会。常欣妍警务工作室为插图提供指导，丛书中“常警官说”的人物肖像，就来自她的慷慨授权。

（3）仁心胜“yi”（医）。本套丛书能得到法律出版社的青睐，是对我们努力的最大肯定。法律出版社在选题、编辑、设计、装帧、审校各环节无不表现出专业、严谨、细致，确保丛书能高质量地完成。能遇到责编李军，更是我们的幸运，她专业细致的指导，“007”般的在线响应，不厌其烦的答疑，有求必应的反馈，医治了丛书中一个又一个错讹。

（4）坚定不“yi”（移）。编写团队的成员有教师、国家公务员和资深律师。每位编写者都有着繁重的主责主业，拥有着“回报”率更高的工作。但每一个人都不计得失，经常用节假日的时间聚在一起，开展调研和讨论，有始有终，没有一个人中途掉队。法政学院的一些本科生和研究生也参与了故事的创作，可以说他们就是江小北“本北”和龙小山“本山”，他们的创新、高效和坚持值得点赞，他们与江小北和龙小山的共同成长必将成为值得珍藏的特殊记忆。

编委会

2023年5月4日

序 Preface

法律是什么？这是每一个初次接触法律的人都需要思考的问题，也是一个人言人殊的问题，因为每个人对法律都有独特的感受和认知。作为中国人，了解本国法律发展的历史，不仅是正确理解法律、养成法律意识的基础，也是增强民族自信、文化自信的重要途径。

自人类社会一诞生，法律就出现了，只不过这个时候的“法”还只是它的原初形态——“习惯”。随着社会经济的发展，作为社会规范的“法”也不断成熟，从习惯到习惯法，再到成文法，体例日益完善，内容日益精密，惩罚日趋人道，这是人类法律文明发展的历史脉络。但因独特的文化价值观，“法”在各民族深深地烙上了独特印痕。

中国的法律历史悠久，法律文明发达，自成一系，影响深远。从传说中的“三皇五帝”，到后来的明君贤臣，留下了许多脍炙人口的法治故事，阐释了中国法律文明的精神内核，反映了中国传统法的独特之处，也告诉我们中国历史上的法律是什么样的。

本书选择了18个小故事，按照时间的先后顺序排列。这些故事分属不同历史时期，与中国古代法律的发展密切相关，或是法律发展史上的关键事件，或是对法律发展有重大影响的关键人物，或是体现了中国古代法律的精神，展示了中国古代法律的多个历史面相。阅读这些故事，不仅有助于了解中国古代法律的发展轨迹，熟悉中国古代法律的一些史实，还可以帮助大家深入理解中国古代法律的精神与智慧。

法律是社会发展的产物，与社会同步，与时代同行。了解历史上的法律，对我们理解当下的法律，无疑有重要的帮助。希望这本小小的故事书，能够为大家了解中国古代法律历史、培养法治精神发挥些许作用。果能如此，则幸甚至哉！

人物介绍

江小北（八年级女生，14岁，姐姐，成绩优秀，乖巧懂事，富有正义感和同理心）

龙小山（二年级男生，8岁，弟弟，成绩中等，懵懂淘气，富有好奇心和创造力）

龙爸爸（生物医药公司的首席科学家，45岁，兢兢业业，事业处于上升期，对孩子们细致耐心，热心于公益事业）

江妈妈（电子商务公司的销售主管，42岁，公司的业务骨干，是孩子们生活和精神上的依赖）

目　录

Contents

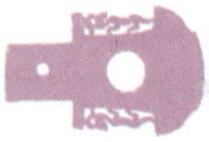

楔　子

2023年，M市成为“网红打卡地”，这一切应归功于刚刚建成开放的中华法制文明博物馆。看到这里，想必大家会怀疑，一座博物馆而已，会有这么大的网络影响力？且听我分说因由。首先，这不是一座普通的博物馆，它是我国第一座智慧博物馆，运用了诸多全新的先进设备和技术，如5G网络、太空舱、物联网、云计算、沉浸式系统等。其次，博物馆按照时间顺序，将一个个精心选择的法制故事和展品连接在一起，以动态和静态结合的形式呈现在参观者面前，趣味性浓，知识性强。最后，也是最吸引人的地方，就是参观者既可以参观静态的展品，也可以进入动态虚拟空间，选择不同的体验模式、模拟不同的身份，如参观者、当事者、法官等，以游戏通关卡的形式经历几千年中华法制文明的发展。因此，这座高智能化沉浸式博物馆一开放，就迎来一片叫好，颇受欢迎。

龙小山从爸爸那里听说了这个消息后，心里直痒痒，就想着去亲身体验一把，但由于临近期末，只好往后推迟。这不，刚考完试，龙小山就缠上了爸爸，要去中华法制文明博物馆参观体验。几经纠缠，龙爸爸只好说："这个周末，如果你能比我早起床，我就带你去！"

咱们的故事就从这里开始……

1

传说中的神兽断案

周六一大早，龙小山就爬起来，迎着灿烂的朝阳，大吼：“我起床了……”

吼声惊醒了龙爸爸，迷迷糊糊中，龙爸爸说：“小山，干什么呢？大清早也不消停！”

龙小山冲进爸爸的卧室，兴奋地喊道：“我赢了！我赢了！哈哈……可以去参观博物馆咯！”

龙爸爸这才想起来之前和龙小山的约定：如果龙小山今天能比他起得早，就带他去参观中华法制文明博物馆。

无奈之下，龙爸爸只得起床穿衣，刷牙洗脸。

吃完早饭，龙爸爸和龙小山带上江妈妈早已准备好的水和食物，就匆匆出门了，乘坐公交车赶往中华法制文明博物馆。

周末的路上车辆较少，公交车一路畅通地将龙爸爸和龙小山送到了博物馆。

龙爸爸和龙小山顺利通过安检门，进入博物馆体验大厅。两人按照之前在公交车上商量好的，各自行事，独立参观，参观结束后在体验大厅门口汇合。

龙小山虽然喜好历史，但对中国古代的法制了解不多，如果选

择参与模式、扮演角色，十有八九会出错。经过一番思考，他决定先选择参观者的角色，在虚拟导游的带领下先去体验一番。

选好角色，龙小山坐进太空舱座椅，带上特制的太空式头盔，按下“参观模式”按钮，进入虚拟空间。

通过一个漆黑的有点类似空间虫洞的通道后，龙小山眼前一亮，出现在他面前的是一幅热闹而混乱的场面。

十来个衣着简陋的人围在一起，你一言我一语，争吵得厉害。龙小山很好奇，凑近一瞧，发现人群中间的空地上有一只死掉的野猪，野猪身上伤口遍布，还插有木箭、石矛。

龙小山心想：野猪是国家保护动物，捕杀野猪可是违法行为，要受到惩罚的。这只野猪被杀死了，他们是在争论谁是“凶手”吗？

于是，龙小山就在旁仔细地倾听他们的争论。终于，龙小山搞明白了，他们的确是在争吵谁是杀死野猪的“凶手”，但目的是确定这只野猪归谁所有。

龙小山恍然大悟。哦！原来这群人是在争论猎物应该归谁所有，而且在这个时代没有野生动物保护法，捕杀野猪是合法的。

人们争吵不休，相持不下。最后，他们决定请大人裁判。龙小山十分好奇，这位大人是谁？真的能辨别真假？因为他在一旁听了很久，也没能搞清楚究竟谁是杀死野猪的真正“凶手”，毕竟野猪身上的伤口太多了。

众人抬着野猪，来到一个比较气派的草棚。草棚里走出来一个人，年纪较大，衣着朴素但很整洁，表情温和却不乏威严。

“这就是那位大人吗？他是谁？”龙小山心里猜测着，嘴里嘟囔着。

此时，一个清脆的声音在龙小山身边响起：“龙小山，他是皋陶(gāo yáo)！舜时期的司法官，也是中国历史上的第一任司法官，被誉为中国司法鼻祖，与尧舜禹并称‘上古四圣’。”

“哇！这么厉害！那可得好好看看他怎么审案，学习学习。”龙小山感叹道。忽然，他反应过来，这是谁说话啊？他四处张望，只见一位漂亮的小精灵在他眼前挥手：“龙小山，我在这儿呢。”

“你是谁啊？”龙小山惊讶地问道。

“我是精灵导游小A，接下来将由我陪你一起参观博物馆，开始这段奇妙有趣的探寻法制历史之旅。”小精灵笑着说。

“哦！太棒了！谢谢！辛苦你了！”龙小山高兴地说。

再说众人一见到皋陶，就围了上去，你一言，我一语，将事情说了个七七八八。只见皋陶也不多言，一边听众人说，一边查看野猪，偶尔询问一句。

龙小山心想：“这样也能断案？难道他具有超能力？”

等到众人述说完，皋陶并没有立即作出裁断，而是转身走进草棚，牵出一头独角神兽。

“这又是什么神操作？”龙小山很疑惑。

虚拟精灵导游小 A 问道：“龙小山，你知道这是什么神兽吗？”

“不知道！是独角兽吗？”龙小山知道西方神话故事中的独角兽，但似乎与这头神兽不太一样。

“当然不是！这头神兽名叫‘獬豸’(xiè zhì)。它有辨别真假是非的超能力。如果发现有人说假话或有罪，它就会用角去触抵他。”小 A 说道。

“哦！”龙小山明白过来，皋陶大人要借助神兽来断案。

果然，皋陶大人命令神兽站在旁边，让众人重新述说一遍经过。当其中二人讲述时，神兽走到他们身旁，用角轻轻触抵了他们一下。顿时，二人脸色发白，俯首请罪。原来，他们是想冒领杀死野猪之功，不劳而获得野猪。至此，杀死野猪的“凶手”被查明，野猪的所有权也被确定。皋陶当即训诫了冒领之人，并判罚他们服一旬苦役。其他人则拜谢皋陶大人，高高兴兴地抬起野猪，赶回了村子。这起争夺杀死野猪“真凶”纠纷终于圆满解决。

龙小山在一旁看完皋陶审案的整个过程，心想：原来这就是传说中的神兽审案啊！如此看来，司法官的这份工作还挺简单的，我应该也可以胜任。

小朋友们，你们觉得龙小山能够胜任司法官这份工作吗？欲知后事如何，请听下回分解。

法博士说

据记载，舜统治天下时，任命皋陶为司法官。皋陶审理案件时，堂下立有神兽獬豸，若有疑案，无法判定，即向它求助，獬豸则用角去触抵有罪、理屈之人。神兽獬豸，似羊非羊，似牛非牛，似鹿非鹿，头上长着一支独角，锋利无比，故有人说它是"四不像"，具有辨析是非曲直、对错，帮助断案的特异功能，是中国神话中的正义之神，代表正直、正义、公正。因此，中国古代的"灋"字构成中就有"廌"(zhì)，其余的"氵"和"去"也有不同寓意。"氵"表示水，其寓意为像水一样，公平公正，俗语云"一碗水要端平"。"去"，就是对违法行为的惩罚，或把犯罪之人从原来的部落中驱逐出去，于水上漂去，即上古时期的流刑；或交由神明判决，处以刑罚。

可见，中国传统文化中的"灋"，包含正义、公平的基本原则，是判断是非曲直、保护良善、惩治邪恶的武器。

春秋时期，齐国曾发生一起羊断案的故事。两个官员因为一点小事打起官司，而且一打就是三年。齐庄公听说后很不高兴。他心想：如果将两人都杀了，肯定会冤枉其中的好人；如果都放了，又无法惩治其中的坏人。左思右想，齐庄公就斋戒沐浴、焚香祈祷，非常庄重地请出一头神羊，对两人说：你们二人就在神羊前老老实实地念誓词，不得撒谎，否则神羊会惩罚你们。两人答应了。第一个人念完了自己的誓词，一切平静，什么事都没有发生。轮到第二个人了，当他念到一半时，神羊突然跃起，用角将其当场刺倒在地。案子因此得以审结。

神明断案的奇异故事，在我们今天看来很荒唐，难以置信，但在古代是可行的。因为古人相信神明拥有一种神秘力量，可以明辨是非曲直，从而实现人们心中的公平和正义。

通关问题

神兽獬豸有什么特异功能？它在中国历史中的寓意是什么？

2

“象刑”：上古中国的独特刑罚

话说上回讲到龙小山旁听皋陶大人的神兽断案后，觉得审案子还是蛮简单的，实在无法断案，让神兽獬豸来帮忙就得了。于是，小山试图转换角色，想过一把“司法官”的瘾。不料，小 A 提醒他：“要想转换模式，进入自选角色，你需要正确回答通关问题才可以哦。”

龙小山一听，顿时傻眼了！“答对了，才能换角色，那要是答错了呢？”他问道。

“要是答错了，你就只能……咳……咳……”小 A 咳嗽了好一会儿，接着说，“就只能继续以参观者的角色往下走了！”

龙小山擦了一把冷汗，心想：“还好！还好！结果还不是很严重！”就决定先试一把，于是就说：“我要回答问题！”

小 A 将通关问题“神兽獬豸有什么特异功能？它在中国历史中的寓意是什么”放到了龙小山面前。

龙小山一边看着问题，一边回想着皋陶大人神兽断案的过程，想了一会儿，不是很确定地回答道："我可以确定，神兽的特异功能应该是能辨别真话还是假话，但它在中国历史中的寓意是什么呢？嗯……可能是惩罚罪犯，对！就是惩罚罪犯。"说完，龙小山看着小A，心里有点忐忑。

果然，不出所料，龙小山的回答不完全正确。（小朋友们，你们知道正确的答案是什么吗？如果你知道，请你帮帮龙小山好不好？）

没办法，龙小山只好心有不甘地跟着小A沿着时空大道继续往前走。

一座高大的城池出现在龙小山面前。只见这座城池的城墙由大块的方形青色岩石筑成，高约三丈，雄伟壮观，气势逼人。这就是当时唐虞王国的都城——阳城。

龙小山沿着大路向城池走去。很快就来到了城门口。有一队卫兵在城门上方的城墙上，巡视着四周，保卫着城池的安全。就在城门口，龙小山发现被皋陶大人判罚的那两名冒功之人正在扫地，当即就明白了，原来皋陶大人判罚他们服苦役，其实就是让他们干活。

龙小山接着向前走，发现城门旁分别站着两个人守卫城门，而他们有一个共同点，就是都身穿奇章异服，头戴黑巾。龙小山心想，这里的安保制度挺完善的，待遇肯定也不错，连门卫都统一着装，还是非常时尚漂亮的衣服。

这时，小A问道：“龙小山，你知道这两个看门人的服饰为什么和其他人的服饰不一样吗？”

龙小山回答：“这还用说，肯定是保安公司为他们统一配置的工作制服。”因为龙小山发现这两个人身材比较结实，看上去很有力气，很有可能是当过兵的，而且穿的衣服式样相同，所以龙小山对自己的回答颇为自信。

不料，小A翻了一个白眼，说道：“你答错了！再说了，那个时候有保安公司吗？”

龙小山愣住了，是啊！那个时候哪来的保安公司！没有保安公司，自然不是保安公司配发的制服了，那这身奇异的服装究竟来自哪儿呢？龙小山不由得挠了挠头，忽然想起自己看过戏剧表演的视频，这两个人身上的服饰有点像表演服，应该是跟戏剧表演有关。于是，龙小山接着回答道：“他们身上的服装是用来表演戏剧的。这次肯定是对的。”

然而，小A的回答让龙小山有些垂头丧气，因为他的答案还是错误的。

见龙小山有些无精打采，小A说道：“你再仔细观察观察，看看周围的环境，能与戏剧表演搭得上吗？”

龙小山心想：看看周围的环境？周围有些什么呢？城墙、城门、路、行人、士兵……嗯，的确与戏剧表演没什么关联！哦！还有被罚扫地的……龙小山似乎有些明白了。

于是，龙小山有些不确定地说："难道他们的服装是因为被处罚而穿上的？"

小A回答道："对了！他们的服装都是因为受处罚而被要求穿的。"

龙小山惊讶地感叹："啊，这么艺术化！这样的处罚也太轻了！"

"是啊！"小A说道，"这就是中国上古时期的一种刑罚，名为'象刑'，处罚方式也不完全一样，有给衣服画上图像的，有头上戴黑巾的，有穿杂色鞋子的。"

"这么奇葩的刑罚是谁发明的啊？一点惩罚性都没有。"龙小山很奇怪地问道。

"'象刑'是谁发明的，这在法律史上是一个谜，但根据史料记载，'象刑'出现于传说中的五帝时期，是当时的主要刑罚。当时的民风淳朴，一些残酷的刑罚还没有形成，主要通过'画衣冠，异章服'的形式，也就是以穿戴画有图像的衣服和帽子作为惩罚。"小A解释道。

“这样也能起到惩罚的作用吗？”龙小山还是有点迷糊。

小A笑着说：“放到我们今天，肯定不行。但有一种心理作用，估计你可能经历过。举个例子，有一天，你穿着奇怪的衣服出现在学校，引来大家的围观，这时你是什么样的感受呢？”

龙小山想了想，说道：“肯定会感觉比较尴尬！”

“只有尴尬吗？如果大家都认为很丑呢？”小A追问。

“那以后肯定不会再穿了，太丢人了。”龙小山毫不犹豫地说。

“所以啊，当一种行为被赋予了特定的负面意义，并被众人所承认，那么强制某人做这种行为，显然对他来说不是奖赏，而是惩罚了。‘象刑’就是这样一种刑罚，通过特殊服饰，如赤褐色的无领衣服、杂色鞋子、黑色头巾等，让众人都知道他因为做了坏事而受到惩罚，虽然不是肉体上的，却是精神上的。”小A接着解释。

龙小山恍然大悟："古人还真是聪明啊！那个时候就知道利用社会舆论的压力，对违法者实施精神惩罚了，让他们不敢再犯。"

"是啊！'象刑'不仅说明尧舜时期社会风气的淳朴，也反映出统治者的仁爱观，是中国德礼教化法律传统的渊源之一。后来，随着社会的发展，'象刑'的作用不断被削弱，一些新的刑罚逐渐取代'象刑'，如三王（大禹、商汤、周文王）时期的墨、劓、剕、宫、大辟五种刑罚，主要对人的肉体实施刑罚，一般称为'五刑'，又叫'旧五刑'。"

听到这里，龙小山忍不住问道："既然有'旧五刑'，是不是还有'新五刑'？"

"龙小山，你这个问题提得非常好！真是爱思考的小朋友！的确有'新五刑'之说，它是相对于'旧五刑'而言的。'新五刑'是以'旧五刑'为基础改革而来，但其中经历的时间很漫长。直到隋朝，'新五刑'才正式确立，具体包括笞、杖、徒、流、死五种刑罚，主要以徒刑为主。龙小山，我来考你一个问题好不好？"

"好！"龙小山显得很有信心。

小A问道："你认为，新旧五刑相比，谁更加人道？"

龙小山想了想，说："应该是'新五刑'。因为'新五刑'除死刑外，其他刑罚都更温和一些。"

“对！”小A说：“你很聪明！刑罚从野蛮走向人道，是人类法制文明发展的共同特点，中国也不例外。当然，中国的刑罚文明也因为受本民族文化价值观念的影响，体现了中国古人的法律智慧，烙上了明显的中国印痕。如上古时期的‘象刑’，后来就一直有所遗留。”

“关于古代的刑罚，暂且介绍到这里。”小A接着说道：“龙小山，我要再考你一个问题：你知道中国历史上‘象刑’刑罚的遗留有哪些吗？另外，友情提醒你一下，这个问题回答对了，你就可以在下一关自由选择角色模式了哦！”

小朋友们，你们认为龙小山知道这个问题的正确答案吗？如果你知道这个问题的答案，可以来帮帮他！

欲知后事如何，请听下回分解。

法博士说

关于“象刑”，历史记载颇多。《史记·孝文本纪》载：盖闻有虞氏之时，画衣冠异章服以为僇，而民不犯。《汉书·刑法志》载：昔在唐虞，画象而民不犯。意思就是，尧舜时期，人们犯了罪，就给他换上画了图案的衣服作为处罚，百姓再也不敢犯罪了。清末法律大家沈家本还断定囚衣是“象刑”的遗传：“后来罪囚赭衣，皆古者象刑之遗制。”

此外，针对“象刑”的执行，文献中的说法并不一致。《尚书·大传》载：“唐虞之象刑，上刑赭衣不纯，中刑杂屦，下刑墨幪，以居州里，而民耻之。”赭衣，即赤褐色的衣服。不纯，意为衣服不镶边，这里指没有衣领。杂屦，即杂色的鞋子。墨幪，即在犯人头上蒙以黑巾。“以居州里”，即限制犯罪人居住在州里范围之内，不得随意行动。如果穿上了此类衣服，百姓就会以之为耻，从而不敢犯法。《孝经纬》载：“三皇无文，五帝画象，三王肉刑。”“上罪墨幪、赭衣、杂屦；中罪赭衣、杂屦；下罪杂屦而已。”《白虎通》这样解释：五帝画象者，其衣服象五刑也。犯墨者蒙巾，犯劓者赭其衣，犯髌者以墨蒙其髌处而画之，犯宫者履杂扉，犯大辟者布衣无领。五帝“画象”，就是给犯罪之人穿上画有像五刑图案的衣服以代替执行。这说明了尧舜时期统治者的仁爱精神，行刑是为了教育犯罪者、警诫百姓。

通关问题

中国历史上“象刑”刑罚的遗留有哪些？

3

“五听”：聪明的审判技巧

话说上回故事讲到小 A 问龙小山：“中国历史上‘象刑’刑罚的遗留有哪些？”并且提示他，一旦回答正确，就可以在下一关自由选择角色模式。龙小山听后，十分兴奋，暗下决心，一定要答对。

龙小山仔细回想了一遍参观旅程，思索了一会儿，突然想起小 A 在解说“象刑”时，曾经提到“象刑”的惩罚方式有赤褐色的无领衣服、杂色的鞋子、黑色的头巾。小山眼睛一亮，跟小 A 说：“我知道了，囚衣就是中国历史上‘象刑’刑罚的遗留。”

小 A 笑着说：“哈哈，龙小山，你答对了！”

龙小山高兴地哈哈大笑：“我答对了！我答对了！我终于可以选择自己喜欢的模式和角色了！”

小朋友们，你们猜一猜，龙小山接下来会选择什么模式和角色呢？

龙小山跟随小A继续往前参观。走着走着，他们来到了一座威严高大的建筑前，大门正上方悬挂着一块牌匾，上有“司寇府”三个大字。

“司寇府？嗯……应该是一户名为司寇的家，看起来还挺气派的。不知道这位叫司寇的主人是干什么的？”龙小山心里寻思着。秉承不懂就问的原则，龙小山问虚拟导游：“小A，这户人家房子真气派呀，请问这户人家是干什么工作的啊？”

听到龙小山的问题，小A忍不住哈哈大笑，说道：“龙小山，这下你可弄错了，这儿可不是人家。”

“不是人家？那是什么地方？”龙小山心生疑惑。

小A向龙小山解释道：“这里是‘司寇’的府衙。‘司寇’是政府的一个官职，专门负责审理案件，裁判纠纷。”

“哦！那也就是说，司寇就是司法官咯？”龙小山有点兴奋地问小A。

“对！司寇就是当时地位最高的司法官。对了，龙小山，你不是想过一把司法官的瘾吗？这次就可以实现心愿了啊！”

“哇哦，太棒了！”龙小山开心地跳了起来，下定决心要试一试。

于是，龙小山将参观模式转换成法官模式。只听“滴”的一声，龙小山发现自己摇身一变，成为一名身穿官服、头戴官帽的司法官。

龙小山打量着自己的一身装扮，左摸摸，右看看，感觉非常新奇，这时，只听见旁边有人提醒他说：“大人，您该审理案子了。”

龙小山转眼一瞧，发现一个官员模样的人正站在自己身旁，看着自己。

龙小山这才醒悟过来，自己已成为司法官了，正在履行司法官的职责——审理案件。

龙小山这下可有点抓瞎了，该怎么开始审案子呢？

龙小山急中生智，回想起以前看过的

古装电视剧中一些县官断案的情形,于是理了理官服,端坐好,然后轻咳一声,问道:"堂下何人?"

"启禀大人,小民陈某!"

"启禀大人,小民李某某!"

"你二人因为何事打官司啊?"

"启禀大人,小民家里养了一群母鸡。前天,有一只芦花老母鸡丢失了。我找啊找啊,终于在邻居李某某家里发现了。于是,我就要李某某把母鸡还回来,他却说那只母鸡不是我们家的,而是他们家的。请大人为我做主啊!"告状人陈某说道。

"启禀大人,冤枉啊!陈某所说的那只母鸡,其实就是我家的。从刚刚孵出来的小鸡开始,我就一直用粮食喂它,还经常捉虫给它

吃，好不容易养大了，可以下蛋了，陈某却说母鸡是他家的，要我把母鸡给他，真是欺负我这个老实人啊。还请大人明断呀！”李某某回答道。

龙小山听了二人的控诉，不禁有点头大，因为他无法分辨谁说的是真的。忽然间，他想起皋陶大人审案时有神兽“獬豸”帮忙，心想：“有办法了！”于是，他转头看向旁边站立的属官，示意他将神兽“獬豸”牵出来，帮助审案。不料属官上前说：“大人，神兽獬豸已随司寇大人一起离开府衙，奉命审理大王交代的大案去了。”

龙小山一听，顿时愣住了，心想：这可怎么办才好？难道我的首场“法官秀”就如此狼狈结束了？

“不行！一定还有办法。”龙小山心有不甘。忽然，他灵机一动，既然分不清陈某和李某某二人话语的真假，我可以去找他们的邻居调查取证。

于是，龙小山就让属官将陈某和李某某的邻居找过来，询问他们是否知晓母鸡的真实主人是谁。不料，邻居们对此也是不清不楚，没有确切的答案。

折腾了大半天，却没有获得想要的结果。这下，龙小山彻底傻眼了：“唉，我的首场‘法官秀’就这样草草收场了。”

就在此时，旁边的属官在龙小山耳边轻声说：“大人，您得注意他们的言辞，仔细观察他们的神态和语气。”

龙小山有点迷糊，不解地看着属官。属官解释道：“大人，请您让他们再陈述一遍，我好为您分辨清楚。”

死马当作活马医！龙小山也没有其他办法，只好按照属官的提议，让陈某和李某某重新述说一遍事由。属官则在一旁为龙小山仔细分析：“大人，您请注意看，陈某说话时，虽然有些紧张，但气息和眼神都很稳定，敢与您直视，言语之间也没有前后矛盾之处。我们再看李某某，虽然气息也很稳定，但其眼神有些飘忽不定，不敢与您直视。更重要的是，他说他们家一直拿粮食喂鸡，还捉虫给鸡吃，这与实际情况不符。要知道，粮食对村民来说可是非常宝贵的，人都不够吃，怎么可能还拿来喂鸡呢？再说了，村民平时都忙着种田捕猎，哪里有时间捉虫给鸡吃？”听到这里，龙小山终于弄清楚了陈某和李某某二人谁说的是真话，谁说的是假话。

接下来的事情就比较简单了。经过一番质询，李某某终于承认老母鸡是陈某家的，他是贪心作祟，想着没有人能确证老母鸡的真正主人，就可以借此混淆事实，将老母鸡据为己有。最后，龙小山采纳了属官的建议，判处李某某归还陈某家的芦花老母鸡，同时判罚李某某旬日苦役，以示惩戒。

在属官的帮助下，龙小山的首场“法官秀”终于收官。虽然整个过程不是很顺利，磕磕绊绊，但结局也还算比较圆满。

通过一番审案体验，龙小山终于明白：司法官的工作并非任何人都可以胜任，它是需要任职者具备一定的专业知识素养和技能的。专业的工作还是要交给专业的人来干才对！

小朋友们，你们觉得一个合格的司法官应该具备哪些基本素养？

龙小山接下来的行程如何安排？他将会经历怎样的体验？且听下回分说。

法博士说

在中国古代，神兽獬豸帮助审案毕竟只是传说。现实中，作为法官，如何辨别当事人陈述的真假，还是需要一定专业技巧的。西周时期，司法官们根据平时的司法审判实践，总结出“五听”的审讯技巧，具体包括辞听、色听、气听、目听、耳听。辞听，就是看当事人的供述是否前后矛盾；色听，是指当事人的脸色是否正常；气听，是指当事人的气息是否平顺；目听，是指当事人的目光是否飘忽不定；耳听，是指当事人的听觉是否灵敏。这五个方面，其实是古人对心理学知识的简单应用。科学研究发现，说谎的人心跳加快，血液流速也随之加快，脸色就会变红，气息就会比较急促；同时，说谎的人注意力集中在如何圆谎上，容易忽略旁边人们的问话；而他的心底发虚，眼神则飘忽不定，不易聚焦，言辞也容易出现前后矛盾。现代的测谎仪即为这一心理学知识理论的产物。

通关问题

司法官的审讯技巧"五听"分别指的是什么？

4

画地为牢，削木为吏

上回故事说到龙小山在磕磕绊绊中结束首场“法官秀”之后，感想颇多。一想到之前所设想的审理案件的简单操作无法实现，自己“神明威武”的司法官形象也丧失殆尽，龙小山就有些提不起精气神来。

对于接下来的参观旅程是继续选择亲身参与的法官模式，还是选择参观模式，龙小山一时犹豫不定。

思考了好一会儿，龙小山发现，即使有神兽獬豸帮忙审案，但怎么判罚还得由司法官独立作出，而目前他还不具备这些法律知识和审判技巧。所以，保险起见，龙小山决定还是转换回参观模式，以免自己的“光辉形象”受到进一步的损害。对于通关问题，自然也就忽略而过，不作考虑了。

只听“滴”的一声，龙小山发现自己重新站在司寇府门前的大街上，而小 A 就在他身旁。龙小山对小 A 说：“咱们接着往下参观吧！”

于是，二人缓步前行，不知不觉间，来到了城池的南门口。

这里是一处交通要道，数条道路交汇于此，极为方便，而且城门口有士兵守卫，秩序井然。因此，有很多人来此处以物易物，互通有无，这里自然形成了一个小集市。路的两旁有卖猎物的，有卖蔬菜的，有卖柴火的，还有摆卖一些稀奇古怪的东西的，人来人往，好不热闹。

龙小山看着这片热闹的集市，颇感新奇。因为这个集市与龙小山平时到过的菜市场不太一样，与商品超市就更加不同了。它没有固定的摊位，物品都是随便摊放在路边的空地上。大多数买卖都是以物易物，也有一些珍奇的物品是用海贝、骨贝、铜贝或玉、布、帛、粟以及贵重的皮张等来进行交易，但这些交易的双方多发生在贵族和大商人之间。

龙小山漫步在各个摊贩之间，观察着人们交易的稀奇物品，兴趣盎然。

这时，一队卫兵护卫着一辆马车急速行驶过来，看样子是准备出城。由于道路两旁全是摊贩，留下的道路空间比较窄小，路上的人群不得不赶紧向道路两旁躲避，一时间，行人相互碰撞，挤作一团。

就在这个时候，一位挑着一担柴火的汉子从城门口急匆匆走进来，恰好迎面遇上出城的车驾。挑柴的汉子赶忙往旁边避让，不料，一时情急，没注意到路旁站立的行人和士兵，扁担不慎重重地戳到其中一名士兵王相的脸上，划开了一道伤口，鲜血直流，王相也因此倒地。

见到有人受伤倒地，旁边的人赶紧喊道："有人受伤了！有人受伤了！赶紧停下来！"

挑柴的汉子赶紧放下担子，旁边的行人和士兵则紧紧抓住了他。急速行驶的车驾也因为人群的骚动而停了下来，从马车上下来一位身着黄红色丝绸袍服、头戴高巾帽的高大男子，相貌威严。众人一见此人，赶紧躬身行礼觐见。

"此人是谁？"龙小山心里寻思着，转头询问旁边的小 A。只听小 A 解释："此人是西伯侯姬昌，也就是周王朝的奠基者——周文王。"

龙小山对周文王还是知道那么一星半点的，恍然大悟道："哦！原来是他！难怪这么受人尊敬！"

话说周文王来到现场后，先命人将伤者赶紧送到医馆，请医生救治。然后，一一询问周围众人，终于弄清楚了事情的前后缘由。文王对挑柴的汉子说："杀人偿命，伤人抵罪！你撞伤王相，本应判你劓刑！但念你系初犯，而且是过失，所以我判你黥刑，午后行刑！"

那汉子跪伏在地，说："小人认罪认罚。"

由于当时还没有专门关押犯罪之人的监狱，周文王就想了一个法子，让那汉子站到南门旁边的空地上，围着他画了一个圆圈，以此为牢房，并用刀削了一根木头，插在圆圈旁边，作为看守的狱吏。

处理完案件，周文王就上了马车，出南门而去，围观的百姓也逐渐散去，只留下那汉子跪在圆圈里，旁边插着一根木头。

看着周文王的这番操作，龙小山大开眼界，心想："这样也行？犯人难道不会逃跑吗？"龙小山决定守在旁边看看最后结果如何。

小朋友们，你们认为最后结果会如何？犯人会不会逃跑呢？

欲知后事如何，请听下回分解。

法博士说

《封神演义》中有一则故事，说的是西周文王时期，乡民武吉挑柴进城贩卖，遇文王车驾，急忙避让，因路面狭窄，在柴担换肩时不慎一头滑落，扁担翻转，误击中守门军士王相耳门，致其死亡。文王判其偿命。在南门地面上画了一个圆圈作为牢房，削了一个木头插在旁边作为狱吏。三天后，大夫散宜生路过南门，见武吉在那儿悲声痛哭，就问他："杀人偿命，理所当然，你为什么要哭呢？"武吉说："小人母亲七十岁了，她只有我一个孩子，小人也没有妻子，母老孤身，怕是要被饿死了！"散宜生很同情他，也感动于他的孝心，就入城进殿参见文王，说："不如先放武吉回家，待他办完赡养母亲的后事，再来抵偿王相之命。不知如何？"文王听后，准散宜生所请，让武吉先回家尽孝。这就是"画地为牢，削木为吏"的由来，意思是在地上画一个圆圈当作监狱，削一根木头当作狱吏，后来比喻为将行动限制在一定范围内，不得逾越。"画地为牢，削木为吏"的故事，说明当时的民风淳朴，人们之间相互信任。

通关问题

跪在圆圈里的罪犯会逃跑吗？

5

制礼作乐

上回故事说到龙小山待在城池南门，等着看跪在圆圈里的汉子是否会逃走。等了一会儿，周围的人都散了，那汉子还跪在圆圈里。

龙小山眼里看着，心里琢磨着，嘴里忍不住喃喃自语："这人怎么还不跑啊？待会儿就要被处以刑罚了。"

小 A 在旁边听到了，不禁乐了，笑着说："龙小山，你就那么希望他跑了吗？"

龙小山回答道："是啊！"

"为什么呢？"小 A 问道。

"因为他就要被处刑了呀！你想啊，黥刑就是在脸上刺字，那多疼啊，还消除不了。跑了，不就可以不用受刑了嘛？另外，他也不是故意伤人的，因此受罚，我觉得有点冤！"龙小山解释。

小 A 说："龙小山，你这个想法可不对哟！首先，虽然他不是有意的，但伤人是事实吧？既然伤人了，那就要承担相应责任，所以受刑难道不应该吗？如果他不用受刑，那对受害者岂不是太不公平了？其次，正因为他是失误伤人，所以文王才减轻了他要承担的刑罚，由劓刑改为黥刑，这不正好体现了法律的公平正义吗？再说了，文王画地为牢，削木为吏，也正是体现他对那位汉子的信任。如果那汉子逃跑了，那这种信任还会存在吗？”

龙小山听了小A的一番话，不禁陷入了沉思：是啊！既然犯错了，就要勇于承担责任，不能因为怕担责任就逃跑。由此看来，这个汉子不仅很诚实，而且很有勇气。现实生活中，我们不仅要遵纪守法，更要勇于担责！只有这样，才能使人们之间相互信任，建立起良好的诚信秩序！

解开了心中的疑惑，龙小山就起身离开了城池的南门，与小A一起继续向下一个参观点行进。

穿过时空通道，龙小山一行来到一座新的城池——成周洛邑。洛邑是西周王朝的东都。周武王消灭商王朝后，突然病逝，年幼的成王即位，周公受命担任辅佐摄政。为有效统治东方地区各族，周公决定在洛邑兴建东都。经过一年左右的辛苦建造，东都洛邑终告建成，成为当时的政治、经济和文化中心。

龙小山一行沿着城门大道，迈步走进洛邑城。在城门大道的左手边，有一座堂皇大气的府邸，各式各样的人进进出出，有气质不凡的，也有普通平常的，有身着丝绸袍服的，也有身穿短袖大褂的。龙小山很好奇这是什么地方，看其建筑格式，应该颇有身份地位，但为何进出之人这么复杂。于是，龙小山与小 A 一起漫步走向这座府邸。

跨进府邸大门，转过照壁，只见厅堂上一位头戴高巾帽、身着黄褐色丝绸袍服的中年人，相貌堂堂，眼神明亮，跪坐在铺垫上，正与人交谈，一边谈一边做记录，旁边还站立着一群人在排队等候。

龙小山看到这种情形，笑着说："哦，原来他们是在告状呢！"

不料小 A 在一旁说道："龙小山，这下你可说错了，他们可不是在告状，他们是在提建议，献对策。"

"啊！提建议，献对策？提什么建议，献什么对策呀？"龙小山一脸惊奇地问道。

小A卖了一个关子，笑着说："你猜猜看？"

龙小山挠着头说："这我可猜不着。"

小A问道："你知不知道堂上坐着的那个人是谁？告诉你啊，他是周武王的弟弟，名叫姬旦。"

"鸡蛋？！还有叫'鸡蛋'的，真搞笑！哈哈。"龙小山忍不住大笑起来。

小A也忍不住笑了，说："你搞错了！他是姓'姬'名'旦'，'姬'是'女'字旁的'姬'，'旦'是'元旦'的'旦'，不是你经常吃的'鸡蛋'。你知道吗？他还有一个称呼，叫'周公'。"

"'周公'？"龙小山惊叫道："他就是周公？我知道周公，他是西周时期非常有名的政治家。"

"这下你应该知道那些人在干什么了吧？"小A接着问道。

龙小山回答道："既然他是周公，我就知道这些人在干什么了。前段时间，我看过一期中央电视台的《国宝档案》纪录片，讲的是周公制礼作乐的故事。我想，这些人应该是在向周公提关于礼乐的建议。"

"回答完全正确！龙小山，你真棒！"小A接着问道："可是，龙小山，既然你看过这个故事，可为什么你还弄不清楚周公的姓名啊？"

龙小山不好意思地说道：“嘿嘿，我当时没注意，所以就没想起来……”

小A说：“既然这样，那你就给我们讲讲周公制礼作乐的故事吧，作为你粗心大意的‘奖赏’，可好？”

“好的！没问题！”龙小山兴奋地说：“周公在摄政辅佐成王期间，苦苦思索如何制定一套礼乐制度，规范人们的行为生活。他一方面大量阅读以前的文化典籍，借鉴夏商两朝的礼法制度；另一方面不辞辛苦地访贤问士，请他们出主意，想办法。他从早到晚不停地接见各方来客，有来自穷街陋巷的平民百姓，也有来自豪门大族的富贵之人。据说，他前前后后接见的人数有一万人之多。周公不仅诚恳求教，还勤于思考，最终制定完成一套礼乐制度，后人一般称其为‘周礼’。”

“龙小山，你说得非常好！真棒！”小A竖起大拇指，给龙小山一个大大的赞，接着说：“我再给大家补充一些关于周礼的内容。周公制定的周礼非常细致，有关乎国家政治的，有规范人民群众生活的，总共有五种，分别是吉礼、凶礼、军礼、宾礼、嘉礼。吉礼是关于祭祀天地神鬼的礼仪；凶礼是关于哀悼、吊唁的礼仪；军礼是关于军队操练和征伐的礼仪；宾礼是关于接待宾客的礼仪；嘉礼则是关于人际交往的礼仪，如饮食之礼、婚冠之礼等。通过这些礼仪制度，建立起一套严密的宗法等级制度，约束人们的行为。此外，周公还指导编制了两部大型音乐舞蹈《大武》和《三象》：前一部是歌颂武王伐纣、西周开国的盛况；后一部是歌颂西周的东征。这两部音乐舞蹈都是用来感化人心、教化百姓的。中国‘礼仪之邦’的名号由此而来。所以，周公制礼作乐对中国文化的发展起到了巨大的推动作用，奠定了中国礼法制度的根基。”

小朋友们，你们还知道哪些关于周公的故事？

法博士说

周公（生卒年不详），姓姬名旦，亦称叔旦。周文王姬昌第四子，周武王姬发的弟弟，因封地采邑在周，故称周公，是中国历史上杰出的政治家、军事家、思想家，被尊为“元圣”，是儒学的先驱。周公一生“一年救乱，二年克殷，三年践奄，四年建侯卫，五年营成周，六年制礼作乐，七年致政成王”（《尚书·大传》）。因此，汉初大思想家贾谊这样评价他：“文王有大德而功未就，武王有大功而治未成，周公集大德大功大治于一身。孔子之前，黄帝之后，于中国有大关系者，周公一人而已。”周公制礼作乐，制定和推行一套维护君臣宗法和上下等级的典章制度；确立嫡长子继承制、分封制，加强中央政权的统治，影响后世几千年。直到今天，其中一些制度还能在我们的生活中见到，比如，忠孝的观念，结婚、迎宾、饮食以及祭祀祖先中的礼节，只是内容和形式发生了很大变动。

通关问题

周公制定的礼乐制度，有哪些内容一直延续至今？

6

甘棠遗爱

话说龙小山目睹周公为制礼作乐，不辞辛劳地接见各方来客，诚恳求教，不由得感叹："周公真是礼贤下士，谦虚谨慎啊！不愧为中国历史上著名的政治家和思想家，实为后人楷模！"

同行的小A非常赞同龙小山的看法，笑着说："文王一家子还真是将门虎子，谁都不差！龙小山，你对文王和他儿子的故事知道多少？"

龙小山想了想说："嗯，我以前看过电视剧《封神榜》，里面说文王勤政爱民，是有为的大政治家，他还推演了八卦；武王率兵讨伐残暴的商纣王，攻克大商王朝，建立西周王朝；再就是刚才的周公制礼作乐，其他的就不清楚了。"

"那你想不想了解周文王其他儿子的故事呢？"小A问龙小山。

"当然想了！"龙小山说，他接着问道："是文王的哪个儿子呀？"

“暂时保密！”小A笑着说：“走吧，让我们一起去了解周文王另一个儿子的故事吧！”

随即，龙小山与小A转身走出府邸，踏上前往下一站的时空道路。

时空变幻，龙小山出现在洛邑城的西城门旁，只见一辆牛车正缓缓驶出城门，车上坐着一位面容清瘦的中年人，手捧卷册，正聚精会神地看着。

龙小山悄声询问小A：“他就是周文王的另一个儿子？”

“正是！他名为姬奭(shì)，又称为召公，是文王的庶子，与周公齐名，也是西周初期非常有名的政治家。走，咱们跟上去。”

召公的牛车沿着洛河北岸的大道，一路向西方驶去。

正值夏日，天气炎热。龙小山感受着难耐的酷暑，汗流浃背，不禁埋怨道：“这么热的天气，召公出来真是找罪受！不行，得赶紧找个阴凉的地方歇会儿。”

龙小山四处张望，只见远处路边矗立一棵高大的树木，冠盖如伞，树叶葱郁。小山赶紧加快脚步，向那棵大树走去。

真是望山跑死马！走了好一会儿，龙小山才气喘吁吁地来到那棵大树下。这是一棵有数百年树龄的大树，有五六层楼高，树围粗大，估摸得三四个人合抱才能围住，树枝苍劲如虬，向天空和四周伸展开，覆盖了好大一片地方。感受着大树下的阴凉，龙小山长长地呼了一口气，说："哇，真凉快啊！"

抚摸着大树，龙小山抬头向树上瞧去，发现树上竟然结有许多青色的小果子。龙小山心里琢磨着，转头就问小 A："这是什么树啊？树上的青色小果子能吃吗？"

小 A 说："这棵树名叫甘棠树，是一种野生梨树。"

还没等小 A 说完，龙小山就叫了起来："梨树！那这种青色的小果子就是梨子了，是可以吃的，太好了！"一说到梨子，龙小山口水差点流出来。龙小山最喜欢吃梨，因为梨不仅水分多，而且甜。这种野生梨，无污染，无公害，一定很好吃。

看着龙小山那馋样，小 A 再也忍不住了，哈哈大笑："龙小山，你还真是个吃货！什么都想尝一尝。你不想一想，这是在哪儿？你能吃得着吗？这种野梨一般都是做中药用，味道又酸又涩，更何况是没有成熟的。你还想尝一尝吗？哈哈！”

龙小山一听，想起中药的味道，忍不住打了个寒战，连忙说：“不尝了！不尝了！”

小A忍不住又是大笑起来：“哈哈，不说梨了，我们还是来看看召公在干什么吧。”

此时，召公乘坐的牛车就停在大树旁边，而召公正在和大树下乘凉的一群乡民攀谈。

龙小山一边打量四周，一边侧耳倾听召公和乡民的聊天。

原来此地名叫甘棠寨，正是因那棵百年甘棠古树而得名。甘棠寨有村民百余户，大半为同姓同宗之人，其余为杂姓，都是因为灾荒从其他地方迁过来的。由于甘棠寨临近洛水河，交通便利，土地肥沃，遇上风调雨顺之年，村民们就能丰衣足食；即使碰上灾荒之年，也能依靠寨子周围众多的甘棠树果实以及捕猎、捕鱼所得而度过。

召公与乡民聊着寨子的情况、田地的粮食产出，询问乡民们的平日生活情况，对乡民们所遇到的难题，召公与他们一起商讨，提出建议和对策，帮助乡民们克服困难。同时，召公还向乡民们介绍西周王朝的政策，宣传朝廷爱民惠民的德政。龙小山在旁边看着、听着，不禁感叹召公的细心体贴和平易近人，因为召公完全是站在乡民的立场来思考问题和解决问题的。

正在此时，路边跑过来一群人，前面是一名年轻女子，一边哭泣，一边喊着："来人呀，救命啊！来人呀，救命啊！"女子的后面则是几个男人在气势汹汹地追赶。

召公看见了，赶紧招呼护卫拦下他们，将那个女子和几个男子分隔开。待年轻女子情绪稍微平静后，召公就问道："你叫什么名字？家住哪里？"

年轻女子回答道："小女子名叫李某某，家住李村。"旁边的一个年龄很大的乡民告诉召公，李村是甘棠寨附近的一个村子，离此地有数里远。

召公接着问那年轻女子："你认识那几名男子吗？"

年轻女子回答道："小女子并不认识他们。"

召公很奇怪，问道："那他们为什么追赶你呢？"

年轻女子回答道："小女子也不清楚呀！"

召公就更奇怪了，这是怎么回事呢？于是，召公转身询问那几名男子："你等是何人？家住哪里？"

几名男子回答："小民是王某甲、王某乙、王某丙、王某丁，家就在甘棠寨西头。"旁边的乡民也向召公证实，这几名男子都是甘棠寨的人，而且都是一家的亲兄弟。

召公接着问道："你们认识那年轻女子吗？"

几名男子一致回答："不认识！"

召公听了，有些生气，喝问道："既然不认识，那你们为何追赶她？"

几名男子有点害怕，怯怯懦懦地回答："我们追赶她，是想抢她回去与弟弟王某丁成亲。"

"啊！岂有此理！"召公听后，大怒道："你们都不认识她，竟然要将她抢回去成亲？天理何在？国法何在？人情又何在？"召公命令他的护卫将几名男子捆绑起来，要予以严惩。

这时，旁边的一位老乡民走过来，跟召公说："大人，暂且手下留情，请容小人禀告，此事另有缘由。"原来，此地向来就有抢亲的习俗。只是以往的抢亲，男女双方家人都知道实情，而且双方都同意这门亲事，所以，抢亲其实就是一个形式而已。但此次不同，双方家人都不知情，只因王某丁一眼相中了这名年轻女子，兄弟几个一合计，就决定把她先抢回家，待与王某丁成亲之后，再与女方家长沟通商量。

召公听了，还是很生气，但也知道抢亲的习俗在西周各地都存在，无法立即根除，于是就训诫几名男子说："抢亲是习俗，但并非如你们这样，双方互不认识，也不知情，就要抢人回家。如此行径，与强盗有什么差别？现罚你们鞭刑四十，以示警诫，以后不可肆意妄为，要与人为善，多行善举。"几名男子俯首认罚，并发誓以后要老实做人，助人为乐。

处理完这起抢亲纠纷后，召公想了想，将甘棠寨及附近村子的乡老召集过来，向他们询问当地的婚姻情况。经过了解，类似的抢亲现象虽然不多，但也并非个案，还是需要制定制度来约束乡民的婚姻嫁娶行为，不能任由他们胡乱作为。

于是，召公在多方调查、深思熟虑之后，认为婚姻是关系男女双方及其家庭的重大事情，父母的意愿极为重要；同时为了男女之防，也方便男女双方家庭的沟通，不致因此成仇，还是需要一个人在中间说和。因此，召公确立了"父母之命、媒妁之言"的婚姻原则，并制定纳采、问名、纳吉、纳征、请期、亲迎的"六礼"程序，影响中国数千年的婚姻制度由此形成，抢亲的习俗逐渐被遗弃。直到今天，"父母之命，媒妁之言"、纳征（下聘礼）、亲迎等婚俗在一些地方还保留着。

旁观完召公裁处抢亲纠纷的全过程，小A问龙小山："龙小山，你认为这起抢亲纠纷召公处理得怎么样？"

龙小山闻言，挠着头，寻思了好一会儿，才告诉小A自己的想法。

小朋友们，请你们猜一猜，龙小山的回答是什么？

欲知后事如何，请听下回分解。

法博士说

召公，又称邵公、召康公，周文王的庶子。因其封地在召（今陕西岐山西南），故被称为召公或召伯。他和周公一起辅佐武王伐纣，为周初三朝重臣。召公清正廉洁，敬德保民，被誉为廉吏始祖。《史记·燕召公世家》载："召公巡行乡邑，有棠树，决狱政事其下，自侯伯至庶人，各得其所，无失职者。"召公去世后，老百姓为怀念他，就把甘棠树当作召公清廉贤明、德政爱民的化身来敬拜，并编成诗歌吟咏传唱，《诗经·召南·甘棠》载："蔽芾甘棠，勿剪勿伐，召伯所茇。蔽芾甘棠，勿剪勿败，召伯所憩。蔽芾甘棠，勿剪勿拜，召伯所说。”大意是：浓密茂盛的棠梨树，不能砍也不能伐，因为召公曾在树下停留。枝叶茂盛的棠梨树，不能剪也不能损，因为召公曾在树下歇息。枝叶茂盛的棠梨树，不能折断也不可弯曲，因为召公曾在树下露宿。从此，“召公棠”被用来称颂惠政惠行，成语“甘棠遗爱”的故事也代代相传，影响后世。

通关问题

“甘棠遗爱”留给我们怎样的启示？

7

铸刑鼎与编竹刑

上回故事说到小A询问龙小山对召公审断抢亲案的想法，龙小山思索了半天，对小A说："小A，我觉得吧，召公的判罚也对也不对。"

"嗯？"小A闻言，惊讶地问道："这是个什么说法？来，仔细说一说。"

龙小山解释道："小A，你看啊。很明显，王家那几个兄弟抢人的行为是违法行为，要严惩，可召公只判他们鞭刑四十，我认为判轻了，起不到警示作用。判罚轻了，就会有其他人跟着学。再说了，这样判对那位年轻女子也不太公平。所以，我认为召公的判罚不对。可是，要是重罚王家兄弟，感觉又不太合适，毕竟他们抢亲的行为没有得逞，对那位年轻女子也没有形成实质伤害，而且轻判也比较符合人们的心理期待。所以，我就感觉很矛盾。"

小A说："龙小山，没想到你想得还挺深的，给你一个赞。"小

A朝龙小山竖起大拇指。

“那是，也不看看我是谁？！”龙小山头一昂，很傲娇地说。

“哈哈，夸你胖，你还喘起来了。”小A笑着说：“其实吧，你的这种矛盾态度是很正常的。时代不同，我们所接受的知识和思考方式与召公也是不一样的。我们今天强调法治，重视个人权利，坚持罪行和刑罚要一致；西周时期主张德治，重教化，对个人的权利是比较轻视的。召公对那四个男子的判罚是以教化为主，惩罚为辅。侧重点不同，结果自然有差别。另外，西周时期的法律是秘密的、不公开的，由统治者制定和解释，案件的判罚由司法官说了算。”

听完小A的解释，龙小山有些明白了，召公的判罚放在当时是合适的，我们不能以今天的法律去衡量和评判古代的判罚。

忽然，龙小山想起刚才小A说西周时期还没有公开的成文法律，不禁有些疑惑，转头问小A：“小A，你刚才说西周时期的法律是不公开的、秘密的，那中国古代的法律都是这样的吗？”

小A笑着说：“当然不是了。西周之后，法律就逐渐走向公开化了。说起来，其中可是有很多有趣的人和故事哦！”

“是吗？”龙小山闻言，顿时精神振奋，催促小A：“走，我们快去看看！”

“好！让我们去看看古代人是怎么公开法律的。”小A笑着说。

很快，龙小山和小A就通过时空大道来到一座城池外面，城门上方的牌匾上写着“新郑城”三个大字。

“新郑城！小A，这就是我们接下来将要去的地方吗？”龙小山问道。

“是啊！中国古代法律的公开就是从这儿开始的。走，我们进去了解一下吧。”小A对龙小山说道。

龙小山和小A一起走进新郑城，沿着城门大道，缓步前往城池的中心。两人边走边看，边看边聊。在小A的解说中，龙小山知道了新郑城是春秋时期郑国的都城，交通便利，经济发达，是郑国的政治、经济和文化中心，在当时各诸侯国中颇有影响，可以说是当时的国际性大都市。郑国的王宫就在新郑城的中心。沿着笔直平坦的中央大道，龙小山慢慢悠悠地来到了城池的中心。

城池的中心有一个广场，郑国王宫就坐落在广场的北边。只见广场上行人众多，大家都在往王宫方向走去，龙小山也随着人流来到了王宫门前。

龙小山本以为今天是王宫的开放日，允许百姓进入参观，所以人群都向这个方向而来，不料大家还没等走到王宫大门前就停了下来。看到这一幕，龙小山感到奇怪，大家怎么停下来了呢，还聚集到了一起？想着弄清楚究竟，于是他费劲地穿过拥挤的人群，挤到了最前面。

只见人群的正前方摆放着一座青铜铸成的大鼎，在阳光的照射下，泛着明亮的黄色光芒。鼎很高，堪比一个成年人身高。鼎呈正方形，四面镌刻有精美的装饰花纹，上面还刻有不少文字。

正在龙小山观察这座青铜大鼎的时候，王宫里走出来一群人，领头的是一位头戴高巾帽、身穿黄黑色丝绸长袍、神情严肃的中年男子，后面跟着几位身穿紫色袍服的男子。中年男子迈着稳重的步伐走到人群前，锐利的眼神巡视了一圈，人群立即安静下来。龙小山见此情形，很惊讶，这是谁啊？这么有威信！随即，他转头询问小 A。不料小 A 并没有回答，只是让他不要急，接着往下看。龙小山没办法，只好按捺住好奇心，安静地等着。

待人群安静下来，中年男子大声说："各位听好了！我是执政子产。大家面前的这座鼎，是我命人刚刚铸好的。为什么要铸一座新鼎？因为我要把我国的刑法铭刻上去。这鼎上的文字就是刑法的内容。这座鼎就摆放在这里，大家如果有什么不清楚、不明白的，都可以过来看。一定要看仔细，看明白，知道哪些事是可以做的，哪些事是不可以做的。如果有人违了法，犯了罪，那就要按照上面的规定，接受相应的惩罚。接下来，我会让人给各位仔细讲解一遍。”说完这些，中年男子就命令他身旁的一位属官为众人讲解鼎上的刑法铭文。

看到这里，小 A 就问龙小山：“现在知道这个中年男子是谁了吗？”

龙小山答道：“我听到他说他是执政子产，可是有‘执政’这个姓氏吗？我没听说过呀。”

“哈哈……”小 A 闻言，忍不住哈哈大笑起来：“龙小山，你真逗！”

龙小山有点丈二和尚摸不着头脑，问道：“怎么了？”

小 A 笑着说：“人家说的‘执政子产’，‘执政’是官职，‘子产’才是他的名字。你将人家的官职当作他的姓氏，你说好不好笑？”

龙小山一听，也忍不住笑了起来：“是挺好笑的！那‘执政’是个什么官职啊？貌似还挺有威严的。”

“那当然了！‘执政’就是总领政务的官员，地位仅次于郑国的国君。”小 A 解释道：“子产是郑国非常有作为的政治家，他担任执政期间，厉行变法改革，使郑国很快强盛起来。中国历史上第一次公布成文法就是从他开始的，历史上称为‘铸刑鼎’。”

“可他为什么要把刑法条文铸到鼎上啊？写在纸上或是墙上，岂不是更方便？”龙小山不禁好奇地问道。

小A笑着说：“是啊，为什么不写到其他地方呢？因为鼎在中国古代是非常尊贵的。传说当年大禹治好洪水后，铸九鼎镇神州。从此，鼎就成了神权和国家权力的象征。将刑法铸在鼎上，最主要的原因是表明法律应当由国家制定，借此增强法律的权威，以警诫百姓，同时，此举强调了法律的稳定性，毕竟铸鼎不是一件简单的事情。对了，龙小山，我想问问你，那个时候有纸吗？”

龙小山一听，愣了，那个时候有纸吗？嗯，我想想，造纸术是中国的四大发明之一，东汉时期蔡伦改进了造纸术。那春秋时期有纸吗？还真不确定，大概率应该是没有吧？可没有的话，那都写在什么上面呢？

龙小山还在琢磨着，就听小A说：“是不是不清楚啊？那就让我们找一找，看看人们都是在什么东西上写字的，反正子产也要走了。”龙小山抬头一看，果然，子产宣布完刑鼎的事宜后，就转身离开了广场，陪同他一起出来的那几个男子也各自离去，其中一位恰好从龙小山身边经过，走向广场西边的大街。龙小山灵机一动，默默地跟随其后，朝广场西边的大街走去。

一路前行，紫袍男子在行人的躬身行礼之中走进一座大宅。

龙小山也悄悄走进宅子，只见紫袍男子已跪坐在几桌前的铺垫上，手握毛笔在几桌上写着什么。写着写着，紫袍男子停下来，皱着眉头，嘴里喃喃自语："不对，不对，不能如此规定。"说完，拿起摆放在几桌上的小刀，削刮了起来。龙小山一时看呆了，这是什么神奇的操作啊？不行，我得走近瞧瞧。

待龙小山走到几桌旁边，紫袍男子已放下小刀，拿起毛笔，蘸上墨，准备写字。龙小山定睛一看，桌上没有纸，也没有布，只有一片狭长的淡黄色小竹板。龙小山心想：难道是在这小竹板上写字不成？

啊！还真是呀！龙小山睁大眼睛，见紫袍男子左手按住小竹

板，右手持笔从上往下写起来，一片写完，紧接着又拿起一片。不一会儿，紫袍男子就写了数十片竹板。

等到全部写好后，紫袍男子长舒一口气，伸了一个懒腰，然后将竹片一字排开，从头到尾又通读了一遍，一边读，一边颇为得意地说："看来还是我编的刑法更好！"通读完后，紫袍男子让旁边站立的侍从用麻绳将竹板一片片穿起来，并嘱咐他要小心，不要弄坏了。

龙小山在一旁看着他们全部弄好之后，走上前去，想看看小竹板上写了些什么。龙小山首先看向最左边的小竹板，嗯？字不认识，跳过……诶？又不认识，还得跳过……啊？前后不连贯，话不通呀……几片看过，龙小山一片茫然，全然不知道上面究竟写的是什么。

看着龙小山的窘相，小 A 忍不住哈哈大笑："龙小山，你方向错了，应该从右往左看。"龙小山恍然大悟，古人书写是自上而下，从右向左，与今天不同。于是，他看向最右边的竹板，上书两个大字"刑书"。"哈哈，这两个字我认识。"龙小山高兴地说，但接着往下一看，发现还是有很多字不认识，只好扫兴地放弃。

小 A 笑着问："龙小山，现在你知道他在竹片上写什么了吧？"

龙小山回答道："虽然我不知道具体内容，但可以确定上面写的是'刑书'，应该是有关刑法的。可是，都已经公布'刑鼎'了，他为什么还要编写‘刑书’呢？”

“编写‘刑书’的原因我跟你说说。”小A解释道：“那名紫袍男子名叫邓析，是郑国的贵族，在法律方面拥有很高的造诣。由于他对法律理解深，水平高，所以对郑国的法律很不满意，就连子产刚公布的‘刑鼎’，他也认为有很多不足之处。于是，他想要把自己的这些好想法都写出来，独自编一部水平最高的‘刑书’。这就是他编写这部‘刑书’的原因。这部‘刑书’还有一个名字，龙小山，你来猜一猜？”

“我猜，会不会是‘竹刑’？”龙小山有些不确定地说。

“对了，就是叫‘竹刑’。”小A笑着说：“你怎么猜到的啊？”

“子产公布的‘刑书’之所以叫‘刑鼎’，因为它刻在大鼎上，而邓析编的‘刑书’是写在竹板上，我想，大概率应该叫‘竹刑’。”龙小山回答道。

“是的，你说得很对。子产的‘铸刑鼎’和邓析的‘编竹刑’掀开了中国古代法律公开化运动的大幕。从此之后，中国进入了成文法时代。最后，友情提醒你，古代写字的小竹片，我们一般称为‘竹简’。”小A笑着与龙小山一起离开了邓析的府邸，踏上了前往下一站的时空大道。

欲知后事如何，请听下回分解。

法博士说

子产（？—公元前522年），又名公孙侨，春秋时期著名的政治家、思想家。子产在执政期间，进行了自上而下的改革：为田洫，划定公卿士庶的土地疆界，将农户按什伍加以编制，对私田按地亩课税；作丘赋，依土地人口数量交纳军赋；铸刑书，修订并公布了成文法；实行学而后入政、择能而使之的用人制度；不毁乡校，愿闻庶人议政，有控制地开放言路。子产的改革在一定程度上推动了当时社会的转型，使郑国呈现中兴局面。

邓析（公元前545年—公元前501年），郑国大夫，“名辩之学”的倡始人。他反对将先王作为自己效法的榜样，是我国历史上最早反对礼治的思想家。除私造“竹刑”外，邓析还聚众讲学，向人们传授法律知识和诉讼方法，帮助别人诉讼。《吕氏春秋》记载：邓析“与民之有讼者约，大狱一衣，小狱襦裤。民之献衣而学讼者不可胜数”。他口才非常好，擅长辩论，有人称他“操两可之说，设无穷之词”。在诉讼过程中，他敢于提出自己的独到见解，“以非为是，以是为非”。受他的影响，“郑国大乱，民口欢哗”，兴起一股质疑辩难之风，对当时的统治者造成严重威胁。郑国执政的姬驷歂于是以邓析私造“竹刑”为由将其杀害，但仍用其“竹刑”。“竹刑”的合理性也由此可见。

通关问题

法律为什么要公开？

8

百人竞兔与定分止争

话说上回故事讲到龙小山与小A走出邓析的宅邸，踏上时空大道，离开了郑国都城新郑。

时空变幻，龙小山和小A出现在一片田野之中，前后左右都是急速奔跑的人，有大人，有小孩，有青年人，有中年人，甚至还有几个老人上气不接下气地缀在人群的最后面。

见此情形，龙小山有点傻眼，这群人在干什么？跑步锻炼身体？不太像啊！还是说在躲避猛兽？可是看他们兴奋的神情，也不像啊！再说了，人群后面也没有老虎、狮子、狼一类的野兽。龙小山越发好奇，就对小A说："走，我们追上去，看看他们究竟为什么跑得这么欢实。"话声一落，龙小山就跑向奔跑的人群。

终于，龙小山追赶上人群，并逐渐超过去，来到了人群的最前面，只见一只肥硕的灰兔正仓皇逃窜，兔子逃向哪个方向，人群就跟着追往哪个方向。龙小山明白了，原来人们是在追赶兔子呢，不禁在心里吐槽：真是吃饱了撑的，闲着没事干，就一只兔子，还有这么多人去追。

这时，小 A 问道："龙小山，你觉得他们为什么要追赶这只野兔呢？"

龙小山很肯定地说："当然是想抓到那只野兔！"

小 A 接着问道："可野兔只有一只啊，归谁所有呢？难道大家平均分配吗？如果这样，岂不是一人都吃不上一口？你数数看，追逐野兔的可有上百人之多。"

龙小山听小 A 这一问，笑着说："当然是谁抓到了就归谁啊。

要是你抓到，你会平分给其他人吗？”

“既然最后只有一个人才能获得这只野兔，为什么还有那么多人在后面追赶？难道他们还想从他人手中再抢过来不成？”小A紧接着追问道。

“他们当然不能从他人手中再抢过来，之所以追，是因为兔子还没有被人抓住。瞧！野兔被抓到了。”龙小山伸手指向人群，对小A说。只见人群中一个半大男孩两手死死抓住野兔，举在头顶，兴奋地大喊：“我抓到了！我抓到了！”后面一起追赶的人群立即停了下来，有的在原地坐着歇息，有的往回走，还有的人在田野上继续寻找着什么。虽然有些人很懊恼，跑了好长一段路，累得气喘吁吁，结果却空手而归，但没有一个人去抢男孩手中的兔子。

可这是为什么呢？龙小山看着眼前这一幕，皱着眉头。

这时，小A问道：“龙小山，你去过菜市场吗？”

“当然去过！我经常和妈妈一起去菜市场买菜。”龙小山一头雾水地回答道。

“那你见过有人去菜市场抓兔子吗？”小A接着问道。

“没有！”龙小山说。

“是啊！为什么人们不去菜市场抓兔子呢？”小A笑着问。

龙小山似乎有些明白了：“是因为菜市场的兔子是有主的，而野外的兔子是无主的，所以大家都去追捕。一旦有人抓到野兔，就说明这只兔子已经有主了，其他人就不能再去抓了。小A，我说的对吗？”

“完全正确。这就是我们从小所接受的教育：别人的东西，在没有获得主人的同意之前，是不能随意碰的，当然更不能拿走了。”小A缓了一口气，接着说：“如果要用法律语言来解释，就是所有权问题。当所有权没有明确时，很多人都想占有或使用，但所有权明确之后，未得到所有权人许可，他人不得擅自使用。通过明确所有权，让人们知道哪些东西是自己的，哪些东西是别人的，从而减少和避免所有权不清引发的纷争。关于这个问题，中国古代的法学家就已经讲得很清楚了。现在，就让我们去看看古代的法学家是如何解释的。”

小A带着龙小山再次踏上了时空大道。场景变换，龙小山面前出现了一座堂皇华丽的大殿。

龙小山走进大殿，只见大殿上跪坐着二人，均头戴冕冠，身穿黑色的丝绸袍服，一个二十多岁，一个三十多岁，两人正在热烈地交谈。

龙小山就问小A：“他俩是谁啊？”

小A神秘一笑，说：“你先猜猜看？”

龙小山嘴一撇，说：“猜不着！”

小A乐了，说："告诉你，他俩在历史上可是非常有名的。年轻的那位男子是秦孝公，他在位期间，通过一系列变革，使秦国的国力逐渐强大起来，为秦一统中国奠定了基础。年龄稍大的那位是……"

还没等小A说完，龙小山就抢着说："另一位是商鞅。"

"诶，你怎么知道的？"小A问龙小山。

"因为当时秦国的变法是由商鞅主持的，我看过'商鞅变法'的故事。"龙小山回答。

"真棒！接下来让我们看看商鞅是怎样向秦孝公解释的。"小A说道。

只听秦孝公问道："先生，我要请教您，国家为什么要制定和公布法令？"

商鞅回答："大王，以前圣人治理国家的办法，主要有三个：统一奖赏、统一刑罚、统一教化。这就需要制定公正严明的法令。法度严明，人民才会遵守。所以，法令就是人民的生命，治国的根本。"

秦孝公接着问道："此话怎讲？"

商鞅解释道："因为法令的主要作用之一就是确定权利归属。举例来说，一只在田野上奔跑的野兔，在它的权利归属没有确定之前，即使是尧、舜、禹、汤也会去追逐；而一旦权利归属确定以后，即使是贪婪的盗贼也不敢去夺取。大王，国家制定严明的法令，设置法官，为天下人讲解法令，就是让人民树立权利归属的观念。一旦权利归属确定了，奸诈之人可以变得正直诚实，人民能够谨慎忠诚，国家自然能够大治。所以，确定权利归属是势所必治的办法，不确定权利归属是势所必乱的办法。"

孝公听了商鞅的一番解释，不禁拍手称赞："先生真大才也！"

听到这儿，龙小山彻底明白人们为什么会去追逐田野上的野兔而不去争夺菜市场上的野兔。

小朋友们，你们看明白了吗？

法博士说

中国古代的法家认为，法律的功能就是定分止争，即通过法律明确事物的归属，确定人所享受的权利及应尽的职责，从而平息纷争。《管子·七臣七主》载：“法者，所以兴功惧暴也，律者，所以定分止争也，令者，所以令人知事也。”《商君书》中有“百人竞兔”的故事。商鞅说：“一兔走，百人逐之，非以兔可分以为百，由名分之未定也。夫卖兔者满市，而盗不敢取，由名分已定也。故名分未定，尧、舜、禹、汤且皆如鹜焉而逐之；名分已定，贪盗不取……名分定，则大诈贞信，民皆愿悫，而各自治也。故夫名分定，势治之道也；名分不定，势乱之道也。”意思就是说，一只野兔在田野上跑，后面很多人追着想抓住它。但是市场上的很多兔子没有人去抢，为什么呢？因为前面的兔子权属没有定，而后面的兔子已经有了权利归属。因此，通过设定“名分”，确立明确的社会秩序，平息纠纷。当然，这里需要略作解释，就是商鞅所说的“名分”，既指事物的所有权，还指每个人在社会中的分工和地位，与今天法律中的“权利归属”并不完全一致。

通关问题

兔子的所有权由谁确定?

9

约法三章

上回故事讲到龙小山旁听了商鞅对秦孝公的一番解释后，终于明白法令的重要作用，就是明确事物的权利归属，平息纷争。国家制定法令，并公布于众，让人民知道哪些事可为，哪些事不可为，从而建立一个良好的社会秩序。

听完商鞅与秦孝公的一番对谈后，小 A 问龙小山："你觉得商鞅的想法怎么样？"

龙小山回答："当然是很好的想法啊。历史上秦国经过商鞅变法之后，迅速强大起来，最后灭六国，一统天下。商鞅的贡献自然是最大的。所以，我认为，要想建立良好的社会秩序，就需要制定很多的法律法规，对人们的行为进行具体细致的规定。"

"龙小山，你说得很对。我们需要建立完善的法律体系，约束和引导人们的行为。但要注意，法律可不是越多越好。你知道秦王朝为什么灭亡吗？"小 A 接着问道。

“我知道啊！历史书上说了，秦朝的灭亡是因为它施行暴政统治，引起人民反抗，最终被推翻。”龙小山很得意地说。

小 A 看着龙小山，笑着问道：“那你知道是谁最先攻入秦朝的都城咸阳，推翻秦王朝统治的吗？”

龙小山不假思索地回答：“当然是刘邦了！当年，刘邦和项羽打赌，看谁首先能攻进咸阳城。结果刘邦领兵抢先从中原进入秦川，抵达咸阳后，秦王子婴出城投降，秦朝正式灭亡。”

“哇哦，龙小山，你知道得还真多啊！我好佩服你哟！”小 A 有些夸张地对龙小山说。

“那可不，我可是上知天文，下知地理……”龙小山正洋洋得意地自我吹嘘，小 A 打断他：“别自我表扬了，你要是能回答接下来的问题，我才是真的佩服你！”

龙小山颇为自信地说：“问吧，肯定能答得上。”

小 A 说道：“那你可听好了。请问，刘邦进咸阳后，颁布了很多命令，其中与法律相关的一道命令是什么？”

龙小山着急了：“小 A，不带你这样的。你这可是不讲武德啊！刘邦进咸阳后，颁布了那多命令，我怎么知道其中哪一道命令是与法律相关的。”

小 A 乐了，大笑起来：“哈哈，答不上就是答不上。”

龙小山不服气：“你肯定也不知道。”

看着龙小山憋屈的神情，小 A 乐得忍不住在空中上下飞舞起来，笑着说："龙小山，我带你去看看刘邦当年进咸阳后做的事情，你就知道了。"龙小山愤愤不平地跟着小 A 踏上了时空大道。

时空变幻，龙小山他们出现在一座宏伟的城池外面，城池城门的正上方悬挂着一块大木匾，上书"咸阳城"三字。原来，这就是秦王朝的都城——咸阳。

此时，队伍整齐、盔甲明亮、士气高昂的士兵正从城门口走出来，向城外的霸上行进，领头的队伍扛着一面大旗，上面有一个巨大的"刘"字。见此场景，龙小山当即明白过来，原来是刘邦的军队正在撤出咸阳城。

"刘邦的军队不是攻进咸阳城了吗？为什么要撤出啊？难道是项羽攻入了？"龙小山带着一脸好奇，与小 A 走进咸阳城。只见城内秩序井然，行人神色从容。在宫廷和一些官衙的门口还有士兵守卫，一些官衙的大门上贴着封条，毫无战争来临之前的惊惶忙乱。龙小山越发感到奇怪了。

忽然，一队士兵骑马快跑过来，边跑边喊："汉王有令，请各位父老、豪杰赶紧到王宫门前的广场，汉王有旨意颁布。"随着传令兵的四处宣传，城内的百姓都向王宫前面的广场走去。

龙小山和小A也跟随人群来到了王宫前面的广场。广场上聚集了很多百姓，四周还有不少人正往这儿赶。待到广场上都站满了百姓，从王宫里走出一群人。领头的人身披盔甲，头戴冕冠，龙行虎步，紧随其后的是一位穿着黑色袍服的中年人。小A在龙小山的耳边说道："瞧，领头的是刘邦，后面那位是萧何。"

这群人来到王宫门前的台阶上站定后，萧何首先向广场上的百姓喊道："各位父老，请大家安静，汉王有命令要颁布，请大家听好！"待人群安静下来，刘邦向前一步，高声说道："各位关中的父老、豪杰们，我是刘邦，我要告诉大家一个好消息，残暴的秦朝已经被推翻了。"广场上的百姓高兴地欢呼起来。

等欢呼声平息后，刘邦接着说道："各位父老、豪杰们，我知道，大家已被秦朝的严刑苛法害苦了。今天，我和各位父老、豪杰约定，秦朝的一切严刑苛法全部废除，只保留三条法律，大家都必须遵守。是哪三条呢？就是'杀人者死，伤人及盗抵罪'。意思就是，杀人者要偿命，伤人者和盗窃者也要负相应的责任！除此之外，各级官吏按原任职务坚守岗位，执行公务。"广场上的百姓们这下更加高兴了，大家纷纷表示拥护刘邦的命令。

看着高兴的人群，小A问龙小山："现在你知道刘邦发布的命令中，与法律关系最密切的是哪一条了吗？"龙小山笑着说："知道了！是刘邦和乡老、豪杰们约定的废除秦朝的严刑峻法，只保留三条法律。"

"是啊！这就是'约法三章'这个成语的由来。"小A说。

接下来，刘邦派出大批传令兵，到咸阳城附近的各县、各乡宣传这一命令。在士兵的宣传和百姓的口耳相传下，这一命令很快就家喻户晓。

由于不用再蒙受秦朝的严刑峻法之苦，关中的老百姓们非常高兴，在各地乡老、豪杰的组织下，纷纷送牛羊酒食慰问刘邦的军队。刘邦对此坚辞不受，并说："军队士兵并不缺粮食，不能再让老乡们破费了！"刘邦的体贴让关中的老百姓更加高兴，百姓们纷纷表示："如果沛公（刘邦）能留下来，我们关中老百姓就有好日子过了。"

刘邦坚决执行在咸阳与乡老们约定的三条法律，因而获得关中大地百姓的信任、拥护和支持，最终建立西汉王朝。

小朋友们，你们知道"约法三章"在法律史上的意义吗？

法博士说

刘邦当年攻进秦王朝都城咸阳后，为安定人心，尽废秦法，规定“杀人者死，伤人及盗抵罪”。这就是历史上有名的“约法三章”。“约法三章”虽然是刘邦笼络人心的重要手段，但也是当时人民反对秦朝严刑峻法的直接体现，更是统治者对秦王朝片面“以法治国”的国家治理方式的反思和纠正。自此以后，历代统治者皆将秦朝作为施政的反面典型，力戒制定繁苛的法律，立法宽简成为一条基本原则。因此，在中国法律史上，“约法三章”可以说开启了一种新的立法模式，影响深远。

通关问题

“约法三章”的法律史意义是什么？

10

“缇萦上书”与刑罚变革

话说龙小山看完刘邦“约法三章”后，就和精灵导游小A一起向咸阳城外走去。路途中，龙小山忽然想起一个问题：“小A，不对呀！刘邦‘约法三章’是假的吧？”

小A闻言，惊讶地看着龙小山：“为什么啊？”

“你看啊，刘邦‘约法三章’，只惩罚杀人者、伤人者和强盗，但实际上后来受到惩罚的犯罪行为有很多，国家也制定颁布了很多的法律法规，远不止三种哦！”龙小山说。

“龙小山，我要再一次表扬你！的确像你说的，后来颁布了很多的法律法规，但刘邦的‘约法三章’也是真的。因为刘邦‘约法三章’只是暂时性的举措，等到政权巩固、社会秩序稳定后，自然要制定更多的法律来规范人们的行为。所以，刘邦在建立西汉政权后，就命令丞相萧何重新编订法典，颁行天下。”

“哦！原来如此！”龙小山摸着头，嘿嘿笑道。

小A接着说："龙小山，我来考考你！如果答对了，后面有机会选择转变模式哦！"

"好啊！好啊！"龙小山心里默默祈祷这次一定要答对啊。

小A提问："你知道我们中国古代有哪些太平盛世吗？"

"我想想……唐朝的贞观之治，还有清朝的康乾盛世，对吗？"龙小山不确定地回答道。

小A提醒小山："还有一个呢，想想我们刚刚提到的汉高祖刘邦，汉朝可是历经数百年的大一统王朝。刘恒、汉文帝……"

龙小山猛地想起来："等等……等等……文景之治！"龙小山瞪大眼睛，紧张地看着小A。

小A笑笑："对啦！给你点个赞！"

龙小山高兴地跳了起来："耶！我答对了！"

小A继续说："文景之治是中国封建时代的第一个大治时期，在中国法制史上最为后人称道的一大成就就是废除肉刑了。"

龙小山问："是废除'旧五刑'，确立'新五刑'吗？"

小A回答："'新五刑'的正式确立经历了漫长的变革，而汉文帝废除肉刑是第一次刑罚变革运动。不过，令世人没有想到的是，废除肉刑的刑制改革是一个女子上书诱发的。现在就让我们一起去看看吧！"

时空穿梭，龙小山跟小 A 来到长安城，站在了街边人群之中。不远处便是盛大的仪卫阵容，各色车马，庄严的卤簿、侍卫仆役浩浩荡荡，汉文帝御驾在众多随从以及御前护卫的簇拥下，缓缓前行。

突然，路旁冲出一位年轻女子，身体娇小，面容清秀，但神情坚定。她跪在地上高喊：“皇上，冤枉啊！皇上，冤枉啊！”

旁边的侍卫首领很生气，大声喝道：“大胆女子，竟敢拦截圣驾！给我拿下！”

“且慢！”汉文帝闻言阻止，“将那女子带过来。”

“遵命！”

淳于缇萦跪拜在地，双手高举预先准备好的书状，喊道：“皇上，小女子淳于缇萦，从齐国临淄来到长安。我父亲淳于意被人冤枉，被判肉刑，请皇上明察。”

小A为龙小山解释道：“这就是那位上书的女子，名叫淳于缇萦。淳于缇萦的父亲淳于意是西汉初期著名的医学家，性格耿直，对封建王侯不肯趋承。因为经常拒绝到朱门高第出诊行医，得罪了一些权贵，被判肉刑。根据汉律，做过官的必须要押解到长安行刑。淳于缇萦是他的小女儿，就跟随父亲一起来到长安，欲上书救父。”

“淳于缇萦，你暂且先将冤情详细说来我听。”文帝说道。

“谢皇上！小女子淳于缇萦，为家父淳于意鸣冤。家父曾任太仓令，当地的人都说他清廉公正。后来，家父弃官从医，治病救人，不料被人陷害，现被判有罪，要处以肉刑。作为女儿，十分痛心，同时为所有受肉刑的人感到悲痛。人死不能复生，受肉刑者残肢也无法再接，即使以后想改过自新，也没有办法。小女子愿入宫为奴为婢，为父亲抵罪。请皇上圣裁！”

围观百姓听了淳于缇萦的一番陈述，纷纷说道：“真是一名孝顺的女子！”

汉文帝见淳于缇萦千里迢迢冒死上书，为让父亲免遭酷刑而愿意自我牺牲，代父受刑，对其孝心十分感动：“动天之德莫大于孝，感物之道莫过于诚。你有如此孝心，堪为世人表率，我自当满足你的心愿。”汉文帝于是当即赦免了淳于缇萦父亲的刑罚。

龙小山称赞:“淳于缇萦真是‘巾帼不让须眉’啊,汉文帝也十分仁慈宽厚。”

小A笑着说:“是啊!后来的文学家班固还专门写诗称赞她‘百男何愦愦,不如一缇萦’。”

“汉文帝不仅赦免了淳于意的刑罚,还以缇萦上书这件事为契机,开启了中国法制史上第一次刑罚变革运动。第二天,文帝便下诏废除了黥刑、劓刑和刖刑这三种肉刑。将黥刑改为髡钳城旦舂,‘髡’是指剃头发;‘钳’是指用铁圈束颈;‘城旦舂’是一种徒刑,

‘城旦’是指男人白天守城，晚上筑城，而‘舂’针对女犯，意指舂米。劓刑改为笞刑三百；斩左趾改为笞刑五百；斩右趾改为弃市，弃市就是当众杀之，在集市行刑。”

龙小山不解：“为什么斩左趾是改成笞刑五百，斩右趾就是弃市呢？还有本来是砍断脚，现在变成死刑，好像刑罚还变重了。”

“之所以有斩右趾和斩左趾的区别，是因为中国传统一般是以左为尊，但也有例外，如在汉朝就是以右为尊，所以当时人们认为斩右趾的刑罚比斩左趾的刑罚要重。由斩右趾改为弃市自然是由轻变重。而一些由重变轻的刑罚，如劓刑改为笞三百，斩左趾改为笞五百，表面上看似减轻了，但实际中受刑人是承受不了这么多下笞打的，往往刑罚还没执行完人就死了。因此，有人称其‘外有轻刑之名，内实杀人’。汉景帝继位之后，在文帝变革的基础上进一步减轻了刑罚，废除肉刑的刑罚变革运动才暂时告一段落。”

听了小A的一番解释，龙小山感叹道：“看来，任何变革都不是一件容易的事情，都需要一个比较长的过程。”

法博士说

咏　史

——班固

三王德弥薄，惟后用肉刑。
太仓令有罪，就递长安城。
自恨身无子，困急独茕茕。
小女痛父言，死者不可生。
上书诣阙下，思古歌鸡鸣。
忧心摧折裂，晨风扬激声。
圣汉孝文帝，恻然感至情。
百男何愦愦，不如一缇萦。

汉文帝刘恒（公元前203年—公元前157年），八岁时即被刘邦册立为代王，分封到偏远之地代国（今山西）。刘恒在他就藩代地的十五年间，与民休息，发展生产，恭俭作则，代地由是社会安定，秩序井然。刘恒登基为帝后，以秦亡为鉴，深知百姓生活之苦乐对政权安定的意义。因此，他励精图治，兴修水利，厉行节俭朴素，在位时奉行黄老“无为而治”的政策，轻徭薄赋，与民休息。

在位期间，曾因为建露台所需耗费相当于十户人家的资财，心生怜惜而罢建；可怜吏卒输送的辛苦，因而下令列侯归于封国，不须留于长安奉朝请；借缇萦救父之事下诏废肉刑；又下诏免除天下田租。可以说，汉文帝是中国历史上第一个否定肉刑意义的君主，从而赢得了“仁政”的美誉，一定程度上将中国的刑罚由野蛮导向文明、人道，同时，让汉代的统治朝着异于秦朝而宽仁、柔和的方向发展。

通关问题

汉文帝废除肉刑的原因是什么？

11

“强项令”董宣

龙小山和小A离开了长安城，通过时空大道，来到洛阳城。洛阳城非常繁华，道路宽阔，路面平整干净，路的两边是鳞次栉比的商铺和琳琅满目的商品，人来人往，颇为热闹。

龙小山和小A漫步前行，一边逛一边聊，不知不觉来到一处路口，路边有一座亭子。龙小山对小A说：“要不我们到亭子那里休息一会儿？”

小A表示赞同。于是，两人迈步走过去。

亭子是一座木制六角亭，亭上挂着牌匾，上书“夏门亭”，亭子里有几个石墩和一张石桌。

龙小山坐在石墩上，四处张望打量。只见远处走来一位老人，腰挂长剑，眼神锋利，神情严肃，后面跟着几个随从。他们来到亭子旁边，停了下来，老人吩咐道：“咱们就在这儿等着！待会儿，一旦公主的车队到达此处，你们立即围上去，将人犯拿下。”几个随从应诺，随即散开，站在了亭子四周。老人则手扶剑柄，在亭前缓缓踱步。

“他是谁啊？还拿着剑，一副气势汹汹的样子。”龙小山问小A。

“洛阳令董宣，你知道吗？”小A回答。

“董宣！就是那个不畏强权，杀了公主奴仆的‘强项令’，是吗？但最后皇帝没有罚他，还赏了钱，是不是？”龙小山想起之前看过“强项令”故事。

小A笑道：“正是。”

话才说罢，一辆装饰华贵的马车从远处驶来，马车周边不少仆人随行，浩浩荡荡。车檐挂着公主府的灯笼，原来是光武帝刘秀的姐姐湖阳公主的马车。

只见董宣和其随从迅速上前，拦在公主的马车前。

公主侍女发问：“来者何人？如此大胆，竟敢拦截公主的马车！”

“我乃洛阳令董宣，公主的奴仆在光天化日之下杀人，我等依据国法前来抓捕。”董宣大声答道，并喝令杀人的奴仆下车服法。

湖阳公主闻声掀开车帘，满脸怒色，对董宣说：“董宣，你好大的胆子！竟然敢当街拦我的车队，眼中可还有王法？我可是当今皇帝的亲姐，还不立刻放行。”

董宣丝毫没有惧色，大声说：“王子犯法，与庶民同罪。您贵为公主，更应该知法守法，不能包庇恶奴。”湖阳公主闻言，竟一时无话可说。

董宣见状，赶紧走上前，一众随从也一拥而上，将那杀人的奴仆拉下马车，当场将其杀死。湖阳公主见状，更是大怒，当即命令车驾掉头，向皇宫驶去，她要面见皇帝，弹劾董宣。

围观的百姓欢呼叫好，称赞董宣不畏强权。

“就这样吗？没下文了？”龙小山疑惑地问小A。

“我们且继续往下看。”小A笑笑，“走吧，我们现在去皇宫。”

转眼间，龙小山和小A来到皇宫的大殿上。此时，湖阳公主正在光武帝面前哭诉董宣以下犯上，不给皇家颜面。光武帝一听，也有些恼怒，急召董宣进宫。

见此情形，龙小山说道："这湖阳公主胡说八道，明明是她的奴仆跋扈，杀了无辜百姓，是犯罪，皇帝也不分青红皂白！"

"董宣之所以被光武帝特意委任为洛阳令，就是因为董宣在担任国相和太守期间，不畏权势，秉公执法。我们知道，在中国古代，虽然皇帝掌握生杀大权，甚至某种程度上皇帝就是法律，但这并不代表皇帝可以为所欲为，更何况光武帝还算得上是位明君，不会滥杀无辜的。"小 A 对龙小山说。

"皇帝难道不需要遵守法律吗？不是说王子犯法，与庶民同罪吗？"龙小山说。

"你知道的还真不少呢。"小 A 向龙小山比了个大拇指，又问："那你知道这句话的出处吗？"

龙小山摇摇头，小 A 解释道："这句话出自《史记》的《商君列传》。起初，商鞅施行变法并不顺利。春秋战国时期，各个诸侯国的旧贵族根深蒂固，利益盘根错节，秦国也不例外。公元前 356 年，秦孝公任命商鞅为左庶长，实行第一次变法。秦国的旧贵族们害怕商鞅变法会侵害他们的利益，削弱他们的权力，因此千方百计地从中阻碍。太子嬴驷的老师公子虔和公子贾也是旧贵族，他们就引诱太子杀人，破坏新法。由于太子是国君的继承人，不能依法受刑，商鞅只得对公子虔削鼻，对公子贾刺字。这就是王子犯法，与庶民同罪的来历，反映了商鞅主张罪刑法定的思想。然而，在具体的司法实践中难免有所歧异，毕竟古今不同，而且古代社会是君主‘人治’之下的法治，法外人情，不可避免。”

就在龙小山和小A说话间，董宣已经被带到宫殿里。董宣跪在光武帝面前，毫无惧色，大义凛然。

光武帝生气地问道：“董宣，你可知罪？在你眼里，可还有朕这个天子？”

董宣叩头施礼：“陛下圣德，中兴汉朝，功绩彪炳。如今公主奴仆滥杀无辜百姓，陛下却放纵公主，将怎样治理天下呢？怎样让天下万民臣服呢？今日，微臣不用陛下下令处罚，请求自尽，以全陛下颜面。”说罢董宣便撞向柱子，旁边侍卫阻拦不及，董宣顿时血流满面，甚是吓人。

光武帝听了董宣一番话，又见他宁死不屈，知道自己有些过分，但转头看着一旁的亲姐姐湖阳公主满脸怒色，又不好意思直接放过董宣。

“董宣，我知你是为执国法，其志可嘉。但你冒犯公主，也是事实，朕命你向公主磕头道歉。”光武帝为了湖阳公主的颜面，就命令董宣向公主磕头谢罪，然而董宣坚决不从。

无奈之下，光武帝便命两名太监压着董宣向公主磕头，但董宣两手撑地，昂着头，坚决不俯首磕头。

“陛下，您可是当今天子，岂能容许董宣如此一个小小洛阳令不听您的话？”湖阳公主站在光武帝身边，气急败坏地说。

光武帝也颇为无奈，只好劝导她说：“唉，姐姐啊，正因为我是天子，更加不应该纵容袒护你呀。姐姐，不如看在我的面子上，你就饶过董宣这一次吧。”湖阳公主绷着脸，不说话。

光武帝转头看着董宣倔强的模样，不怒反笑，对董宣说：“董宣，你的脖子还真硬啊，真可谓是一个‘强项令’！”

董宣闻言，灵机一动，赶紧喊道：“谢陛下圣裁！”

光武帝听了，也是呵呵一笑，命令太监放开董宣，并赏了他30万钱。湖阳公主也无可奈何地含怒离去。

龙小山在一旁看着，松了一口气，感觉十分开心。董宣真是铮铮铁骨，满腔正气！

“皇帝奖赏的这30万钱，董宣自己一点儿都没留，全部分给他的下属了。在这之后，由于有了皇帝的支持，董宣更是对恶霸豪强严惩不贷，京城权贵再也不敢仗势欺人了。”小A对龙小山说道。

法博士说

董宣，字少平，陈留郡圉县（今河南省开封市杞县）人。汉光武帝时，曾任北海相、江夏太守、洛阳令，为官刚正廉洁，不畏权势。在北海时，董宣的助手公孙丹是当地大族，为人迷信，横行乡里。他盖了一所新房子，请人占卜吉凶。不料占卜的人说，这个宅子不吉利，以后肯定要死人。为破解这一凶兆，公孙丹就命令他儿子杀死一个过路的百姓，并把他的尸体放到房内作替死鬼。董宣得知此事后，立即逮捕公孙丹父子，并依照法律，判处公孙丹父子死刑，即时执行。为此，公孙丹家族三十多人手持武器，围聚官府，称冤闹事，要求董宣低头认错。公孙丹此前曾依附王莽，董宣担心公孙丹家族会和海贼勾结，就将三十多人全部关押收监。经调查，公孙丹家族确实和海贼有勾结。为防止海贼攻打官府，解救公孙丹家族，董宣临机决断，派遣手下书佐水丘岑，将狱中三十多人全部处决。青州刺史听闻此事后，认为董宣滥杀无辜，上折弹劾，并把水丘岑抓起来拷问。董宣也因此被廷尉府关押到大牢之中，等候判决。在狱中，董宣晨诵夜读，毫不畏惧。及至行刑之日，官差给董宣带来临死前的最后一顿餐食，他严厉拒绝：“我董宣生平从未曾吃别人的东西，何况死乎？”就在行刑前一刻，光武帝使者赶到，下令暂缓行刑，并将董宣带回监狱，重新调查滥杀一事。董宣将公孙丹家族勾结海贼等情况如实禀告，并说："水丘岑乃是奉我的命令行事，一切罪责均由我承担，可以杀我，但请释放水丘岑。"在了解清楚真实情况后，光武帝赦免了董宣，把他贬为怀县县令；水丘岑也被免罪释放，最后一直做到司隶校尉。后来，董宣病卒于洛阳令任上。去世时，家中财物仅大麦数斛，破车一乘。光武帝感佩董宣的廉洁公正，赐予银印禄绶，按照大夫之礼安葬。

通关问题

我们可以从董宣身上学到什么？

12

郭躬依法定罪

在“强项令”董宣和东汉光武帝的一番争执结束之后，龙小山和精灵导游小A迈出宫殿，踏上时空大道，向下一个参观点走去。

两人来到了一处宫殿外。此时天还未大亮，光线尚暗，在灯光的照射下，宫殿上方牌匾中“崇德殿”三个字闪闪发光。龙小山问：“小A，这是哪里？”

“是皇帝早朝的地方。”小A回答完又问龙小山：“你知道古代皇帝一般是什么时候上早朝吗？”

“5点？”龙小山不太确定地回答。

小A给龙小山解释：“差不多这个时间。古代皇帝上早朝一般在五更天，是现代时间5点到7点。皇帝一般4点就要起床洗漱，从后宫走到前殿；大臣们要更早一些，有的半夜就要起床，早早在大殿外等候。”

听了小A的解释，龙小山说：“古代皇帝和大臣也不容易啊，这么早就要起床，都不能睡懒觉。”小A哈哈大笑。

就在龙小山和小A谈话间，一众大臣分列两队走来，龙小山和小A也跟了上去，随着朝臣一起进入大殿内。

皇帝端坐在大殿的座椅上，小黄门宦官则上前一步，对着殿下众大臣大声喊道：“陛下驾临！朝议开始！”

朝臣一齐跪拜，高呼：“吾皇万岁万岁万万岁！”

皇帝问：“各位爱卿，有事启奏，无事退朝。”

龙小山问小A：“这是哪位皇帝？”小A回答：“东汉明帝，是东汉的第二任皇帝，就是汉光武帝的第四个儿子。”

这时，奉车都尉窦固迈步走出行列，上前启奏：“启禀陛下，臣有事上奏。副将秦彭专权，擅自杀人，微臣请求陛下诛杀秦彭。臣等奉陛下命令，率四路大军出击匈奴，骑都尉秦彭为副将，分别带兵驻扎两地。秦彭作为副将，未经请示，擅自处决了军营中一批不服从命令的将校士卒。此乃不服督帅，妄自诛杀之举，依律当斩！请陛下明察！”

汉明帝听完窦固的陈奏后，问殿内大臣：“诸位爱卿，你等觉得秦彭诛杀将校士卒一事应当如何处理？”

朝臣们议论纷纷，都赞同窦固的上奏，认为窦固为主帅，秦彭为副将，随军出征，自然一切应听从主将之令，未经许可擅自杀人，自应治罪处死。

突然，有一位大臣走出来，原来是廷尉府的廷尉郭躬。郭躬说：“陛下，臣认为秦彭并非专权，擅自杀人。依照律例，秦彭诛杀将校士卒，是执行军纪，属职权范围以内之事。若对他治罪，于律相悖，于理不合。”

汉明帝说：“军队出征在外，随营将校士卒一律听命于督军大将。秦彭身为副将，未持符节，不掌生杀大权。如今他未经督帅许可，就诛杀将校士卒，怎么会无罪呢？”

龙小山听了汉明帝的话，有些不解，就问小 A：“符节是什么啊？是不是就是凭证的意思呢？”

小 A 解释道：“你的理解是正确的。符节就是古代朝廷派遣使者或调兵时用作凭证的东西。”说到这儿，小 A 用手指一点，在龙小山眼前就浮现一个屏幕，上面显示了古代符节的样子。小 A 指着屏幕说："你看，这些就是符节，用竹子、木头、铜或玉等制成，上面刻着文字，存于朝廷，一般给外任官员或出征的将帅，是军权和统治权的象征。历史上'窃符救赵'的故事中，'符'指的就是虎符，调兵用的；'苏武牧羊'的故事中，苏武手中持的就是节，称为使节。"

此时，面对汉明帝的疑问，郭躬回答："启禀陛下，将校士卒一律受制于主将，那是指将校士卒与主将驻扎在同一个营地的时候。而秦彭不同，他是独自率领一支军队驻扎于别处。军情紧迫，瞬息万变，如不当机立断，恐怕会贻误军情。因此，不容许凡事都禀告主将后再作处置。况且按汉朝定制，授兵于将，就等于赐给符节。秦彭既被授兵，又持有棨戟（qǐ jǐ），依照法律，秦彭的行为不应被论为有罪。"

“郭卿所言有理。确实，军情紧迫，不容有误。依律，秦彭无罪。”汉明帝听从了郭躬的意见，驳回了窦固的上奏。

龙小山问小A：“棨戟是什么啊？”

小A回答：“所谓棨戟，是指有缯衣或油漆的木戟。官吏出行时用作仪仗，驻扎时列于门庭。而秦彭就持有棨戟。”

“哦，知道了。郭躬好厉害，竟然注意到副将秦彭驻扎在别的地方，而副将一律受制于主将这一规定适用于副将和主将在一起。”龙小山对小A说。

小A说：“没错。郭躬并没有被上述表面现象所迷惑，对此案作了深入具体的剖析。他看到了其他人忽视的一些细节，并对秦彭一案依律作出了判决。”

小A又对龙小山说：“郭躬出身法律世家，从小就刻苦钻研法律，造诣高深，已官至廷尉，廷尉相当于今天的最高法院院长。还有一些关于他的故事，你想继续看下去吗？”

龙小山连忙点头：“哇，最高法院院长，太厉害了！我要继续看。”

“那我们继续往下看吧。”小A回答说。

还是在这崇德殿内，有大臣上奏皇帝：“孙章假传圣旨，罪当腰斩。”

原来大臣所说的是一起兄弟二人共同杀人案，因罪责无法归于某一人，汉明帝认为做兄长的没有尽到管教弟弟的责任，所以判哥哥重刑死罪，而免除弟弟死罪。但中常侍孙章宣读诏书时发生误读，说两人判的都是死罪重刑。

小A问龙小山："你觉得孙章罪当腰斩吗？"龙小山说："腰斩太严重了吧，孙章是误读，是失误，不是故意的，我觉得应该减轻惩罚。"

小A赞赏地看着龙小山说："我们具体看看郭躬是如何说的。"

汉明帝问郭躬："郭躬，你是廷尉，关于孙章一案，你认为应该如何判决？"

郭躬回答说："陛下，臣以为孙章应判处罚金。"

"判处罚金？"汉明帝很惊讶，说："孙章假传诏书杀人，怎么能只判处罚金呢？"

郭躬回答说："陛下，法典规定，犯罪有故意犯罪和过失犯罪的区别，孙章误读诏书，事属失误，并非故意，根据法律，对失误者量刑要从轻。"

汉明帝感到不满意，于是说："孙章与囚犯同县，我怀疑他是故意如此。"

郭躬回答："陛下，'周道如砥，其直如矢'，君子'不逆诈'。君王法天，刑不可以委曲生意。"

龙小山听了郭躬的一席话，没搞明白到底说的什么，就问小A："郭躬说的是什么意思？"

小A说："'周道如砥，其直如矢'，这句话出自《诗经》，是说通往周京的官道平如磨刀石，路面笔直像箭杆。比喻实施刑罚应当如周道一样既宽平又正直，不应刻峻苛严。君子'不逆诈'出自《论语》，意指有德行的人不预先怀疑别人欺诈。以此来表示，君王以天为法，在议罪判刑时，不可以通过主观猜测，任意曲解，牵强附会，作出判断。"

龙小山恍然大悟："评判一个人是否犯罪，不能凭主观臆想，要建立在客观事实的基础上，必须要有证据证明。"

小A说："对的！郭躬在断案中，非常注重证据，坚持严格依法治罪。这是郭躬值得我们尊敬和学习的地方！"

法博士说

《后汉书·郭躬传》载：郭躬，字仲孙，颍川阳翟人。郭躬家世世代代学习法律，主张务在宽平，决狱断案多依矜恕，是东汉时期赫赫有名的法律世家，在中国法律史上享有重要地位。其父亲郭弘，熟悉精通《小杜律》。太守寇恂任命郭弘为决曹掾，审断狱讼长达三十年，一直严格依法公平决断。所有被郭弘判决的案件，从无人埋怨其处理不公。郭躬从小就跟着父亲学习法律，造诣精深，经常聚众为人讲授法律，多达数百人。后来在郡府为官，公正严明，先后三次升迁。元和三年，郭躬被拜为廷尉。章和元年，新皇登基，大赦天下，所有在押死囚犯在四月丙子以前减死罪一等，并不执行笞刑，命令迁往边境金城戍守边疆，但因犯死罪而逃亡的不在赦免之列。郭躬因此上奏皇帝："皇上之所以减免死囚罪行，让他们去戍守边境，是矜恤人命。现如今因罪而逃亡的不下万人，而自赦令颁布以来，又逮捕了很多人，按照诏令，这些人均不在赦免之列，要从重论处。我以为，皇恩浩荡，被判死罪的尚能获得减刑而活下去，但那些逃亡罪犯及被逮捕之人不能获得赦免，有失公平之意。可以对所有罪犯都不执行笞刑，全部去金城戍守边境，增强边境的防卫力量。"肃宗认为郭躬的建议非常有道理，随即下诏，赦免所有罪犯，令他们去金城戍守边境。

通关问题

司法裁判应坚持什么原则？

13

高昌城的交通肇事案

看完郭躬依法断狱后，龙小山和小 A 走出崇德殿，踏上时空大道，向下一站进发。

时空变幻，龙小山和小 A 来到了一处新的城池——高昌城。

看着城墙牌匾上的“高昌”二字，龙小山有点迷糊：“高昌？这是在哪儿？”

小 A 笑着说：“高昌是唐朝时期西域重要的中西陆路交通枢纽，地处天山南路的北道沿线，是当时西域政治、经济、文化的中心地之一，在今天的新疆维吾尔自治区吐鲁番市内。”

“哦！新疆是个好地方！那得好好游览一番，看看唐代新疆的瓜果是不是和现在的瓜果一样好吃。”龙小山有些兴奋，吃货本色显露无遗。

龙小山和小 A 走进高昌城，只见道路两旁商铺林立，有卖服装的，有卖水果的，有卖玉石的……人们穿的服饰各不相同，有汉式的，有胡式的，还有汉胡式样混搭的，好似来到一个时装表演场。

此时正值六月，骄阳似火，高昌城地处吐鲁番盆地，天气闷热。龙小山和小 A 想歇息一下，喝点饮料。正四处张望，只见一辆拉着土坯的牛车晃晃悠悠地驶过来，车夫是一个 30 岁左右的男子，神情紧张地注视着拉车的黄牛，不时挥舞着手中的小鞭子，嘴里喊着“驾”，而黄牛好像有点不听话，并没有完全按照车夫的指令行走。龙小山见了，不禁笑着说：“这肯定是个新手司机！”

龙小山和小 A 歇息了一会儿，继续往前走。前行至不远处，只见围了一群人，那辆“新手司机”驾驶的牛车也停在旁边。

龙小山和小 A 挤进人群，只见地上躺着两个小孩，一男一女，小孩昏迷不醒，一名医生模样的人正在给两个小孩清理包扎下肢伤口。围观的人七嘴八舌地谈论着事故的经过，感叹小孩的不幸。

一番倾听后，龙小山和小 A 终于了解清楚这起交通事故的过程。原来地上躺着的两个小孩分别是市民史拂郍八岁的儿子金儿和曹没冒八岁的女儿想子。他们俩刚才在商人张鹤的店铺前玩耍时，被那辆拉土坯的牛车不慎撞伤，导致腰部以下骨折，生命危在旦夕。肇事者，也就是那位驾驶牛车的男子，是“行客”靳嗔奴家的“年工”，名叫康失芬。“行客”就是来高昌做生意的外地人，“年工”就是雇佣一年的长工。

龙小山在旁边看着，直到医生把小孩的伤口处理好，小孩的家人把小孩抬回家后，都没见官府的人过来。龙小山很好奇，这起交通肇事案会怎么解决呢？小 A 告诉他，除官府纠举外，唐代这类案件一般都是由当事人自己去官府提起诉讼，由官府裁决处理。

这时，男孩的父亲史拂郍和女孩的父亲曹没冒走出各自家门，手中拿着刚刚请人写好的诉状，来到官府。在诉状中，他们陈述了孩子在张鹤店前被牛车轧伤的经过，小孩腰以下的骨头被压折，情形严重，恐怕会性命不保，因此向官府提起诉讼，请求处理。

龙小山和小A也跟着史拂郍和曹没冒来到衙门，想看看唐代官府对交通肇事案是如何处理的。

话说当值衙役收到史拂郍和曹没冒两人的诉状后，就将诉状递交给官衙里一位名叫“铮”的主审法官。

法官铮仔细看完诉状后，说：“来人，去将车夫康失芬带过来。”

待康失芬被衙役带到大堂，法官铮问道：“康失芬，史拂郍和曹没冒控告你的牛车撞伤他们的儿子和女儿，是否属实？”

康失芬回答道：“回大人，的确属实。”

法官铮接着问道：“驾驶牛车，看见路上有人，就应该大声吆喝，停车避让，为何会发生碾压事故？”

康失芬解释道：“回大人，牛车不是东家的，而是从车行借来的，小人对其性行还不熟悉。行驶过程中，小人虽竭尽全力，但还是拽挽不得，力所不逮，以致酿成如此大祸。小人愿承担所有责任，但请先行保辜，请医生尽力医治，一切医药费用均由我承担。假如受伤的小孩不幸身亡，再请求大人依法科断。”鉴于康失芬服罪认罚的态度良好，法官铮同意了康失芬的请求，裁决先行保辜，待辜限过后，再视具体情形而定。

见龙小山对法官铮的判决有点糊涂，小A笑着解释："按照唐朝法典《唐律疏议》的规定，在人群中无故跑车马导致他人死亡的，为故意杀人罪，会被判处流刑，流放三千里，这是唐代五刑之一的流刑中的最高等级。一般还会附加三年的苦役，就是佩戴枷锁进行劳动。当受害人伤势尚未确定时，要先采取'保辜'措施，待受害人的伤势确定后，再根据具体情形量刑处理。根据《唐律疏议》的规定，康失芬这个案件，保辜期限是五十日。他今后的命运，要根据这五十日之内金儿和想子的病情来判断。只要金儿和想子有一个人死亡，等待他的应该是'长流三千里'。"

听完小A的解释，龙小山终于明白了法官铮的判决，不禁感叹道："唐代的法律规定还真是缜密啊！"

法博士说

保辜制度始于西周，以后不断修改和完善。《唐律疏议》中"保辜"条款规定："诸保辜者，手足殴伤限十日，以他物殴伤人者二十日，以刃及汤火伤人者三十日，折跌支体及破骨者五十日。限内死者，各依杀人论；其在限外及虽在限内，以他故死者，各依本殴伤法。”这里的“十日”“二十日”“三十日”等就是“辜限”，即保辜的日期。保辜制度有利于伤害人将自己造成的损失降到最低限度，同时，通过他为受害人寻医问药，一定程度上可以缓和双方矛盾，从而化解社会不安定因素。

《唐律疏议》是中国现存第一部内容完整的法典。其内容承前启后，在总结前人的立法成果和经验的基础上形成，是中国古代法典的楷模和中华法系的代表作，标志着中国古代立法达到了最高水平。《唐律疏议》是中国封建法制的最高成就、中华法系的代表性法典，对后世及周边国家产生了极为深远的影响。

通关问题

小朋友们，我们应该如何注意交通安全呢？

14

一字之差：法官巧为林冲脱罪

话说龙小山和小 A 看完交通肇事案的处理，走出高昌城，踏上时空大道，向下一关前进。

随着时空变幻，龙小山和小 A 的面前出现一座高大的城池，城池上方写着“汴京城”，原来他们到了北宋王朝的都城。

精灵导游小 A 问龙小山：“你看过《水浒传》吗？”

龙小山回答说：“我知道《水浒传》讲梁山 108 位好汉，但是没有看过原著。”龙小山又问：“《水浒传》和我们现在的地方有什么关联吗？”

小 A 说：“当然

了，《水浒传》的故事背景是北宋时期，这里是北宋都城汴京（也就是今天的河南省开封市），《水浒传》的故事就是在这里开始的。”

龙小山说：“哦……北宋时期的首都，那应该很繁华哦。”

小 A 说：“走吧，我们进去看看。”

龙小山和小 A 向城门处走着，迎面来了一个囚犯，脖子、手被枷锁扣住，脸上似印有刻字。两个衙役分立囚犯两边，不停推搡着囚犯，嘴里大喊：“快点，快点，别磨磨蹭蹭的。”

龙小山问小 A：“这个人脸上是刻了什么字吗？难道宋朝就有刺青了？”

小 A 笑道：“也可以算是刺青吧，但是和现代人们在身上纹的刺青不一样，二者意义完全不同。”

龙小山突然想道：“小 A，我想起来了，是黥刑，上古时期的肉刑！不对啊……汉朝就已经废除了肉刑，至隋朝时，‘新五刑’制度正式确立。”

“你说得没错。不过，后来随着朝代更迭，刑罚制度又发生了变化，宋朝盛行这样的刺配制度。”小 A 说。

“刑罚又变得严酷了，好不人道啊。”龙小山说。

龙小山和小 A 继续往城内走着，城内建筑规整有序，道路宽阔，商业繁荣。走着走着，来到南衙开封府。

龙小山兴奋地说：“开封府！我们进去能看见包拯吗？”

小A笑道："哈哈哈，包拯确实是北宋名臣，历史上有名的清官，百姓们口耳相传，都知道，不过，现在这里面不是包拯。你可以猜猜，我们一开始说了什么？"

"是和《水浒传》有关吗？"龙小山想了想说。

小A说："没错，进去看看吧！"

进入府衙内，只见府尹端坐在大堂之上，两旁站立着衙役，堂下跪着一名身材高大的犯人，一场审讯正在进行。

只听府尹喝问："林冲，你身为禁军教头，如何不知法度，竟然手执利刃，故入节堂？难道是想刺杀太尉不成？这可是要被处以死刑的啊！"

林冲回答道："恩相明镜，小人冤枉啊！小人虽是粗鲁的军汉，但还颇识些法度，如何敢擅入节堂？乃是被人陷害所致。"

府尹本与林冲相熟，深知林冲为人，于是问道："那人家为何陷害于你？"

林冲回答："禀告恩相，乃是前月二十八日，我与妻子到岳庙还香愿，正好遇见高太尉的小衙内调戏我妻子，被我喝散了。不料此后，小衙内又差使陆虞候请小人去吃酒，另一边却差使富安将我妻子骗至陆虞候家楼上调戏，被小人得知，赶去救回妻子。小人一时气愤，就把陆虞候揍了一顿。这两次事件，皆有人证。第二天，小人在街上遇见有人卖刀，小人颇为喜爱，就买了下来。今日，太尉差两个承局来我家，让我将刀带去太尉府给太尉观赏，说太尉听闻我买了一把宝刀，也想看看。因此，小人就同二人来到节堂下。两个承局进堂里去了，小人自在节堂等候，不想太尉从外面进来，说没有此事，认定小人持刀擅入，意图谋害。此事分明是太尉设计陷害小人，还望恩相做主！”

“哦！那两个承局你可认识？”府尹问道。

“小人不认识！”林冲回道。

府尹接着问道：“可有太尉手令？”

林冲沮丧地说：“禀恩相，也没有！”

听了林冲的话，府尹左右为难，有心将他无罪开释，但又碍于证据不足，且高太尉势大，不好判案，就问本案的孔目孙定：“孙定，你看此事该如何两全？”

孙定想了想，说：“大人，这南衙开封府是朝廷的，而非高太尉家的，咱们要依律断罪。听林冲口供，应是无罪，但缺少人证；而林冲携刀入节堂，违反法律，是为事实，难以无罪开释，不如依林冲招认：不合腰悬利刃、误入节堂，判决他过失之罪，脊杖二十，刺配远恶军州。”

府尹思索了一番，决定听从孙定的意见，于是作出判决：“林冲不合腰悬利刃、误入节堂，罚脊杖二十，刺配沧州。”

看到这，龙小山愤愤不平地说：“这个府尹真是个糊涂官，明知道林冲是被冤枉的，还判他这么重的刑罚。”

小A说：“小山，在权大于法的时代，这已经是比较好的官员了。试想一下，如果换一个没有原则、阿谀奉承的官员来审判，林冲将会是什么样的遭遇？是死罪！”

龙小山苦笑着说：“是啊！能够采取如此机智的办法，将‘故入节堂’改为‘误入节堂’，故意改成过失，死罪变成刺配，对林冲来说，已是莫大的幸运了。”

“不过，小A，刺配沧州具体是怎么处罚呢？我记得，沧州应该是个地名吧。”龙小山一脸不解地问道。

小A说：“是的，沧州是地名，属于河北省，这里表示刺配的地点。刺配制度最早开始于唐末五代十国的后晋，晋高祖滥用严刑酷法，重新把墨黥之刑搬出来。北宋继续沿用，且更加盛行，手段也更残酷。《水浒传》中不少梁山好汉都曾被施加此种刑罚，如林冲、宋江、武松。‘刺’就是在罪犯的面部刺上文字，并染上黑色，刺的内容会根据罪行的不同而不同，比如，强盗犯是在额头刺‘强盗’二字，一般的盗窃犯会在耳朵后刺上环形。‘配’就是发配，也就是把罪犯押送到指定的场所服役，比如，各地的牢城营。根据所犯罪行的轻重，可分为刺配本州、邻州、五百里、一千里、两千里、三千里以及沙门岛等。本州就是在本地区、本省份，邻州就是旁边的地区、省份，沙门岛是最远的发配地点。”

龙小山又问：“那‘脊杖’是什么刑罚？”

小A回答：“在北宋之前的五代十国时期，社会混乱，实行严刑峻法。后来，赵匡胤建立北宋王朝，以仁爱宽恕为本，削除各种苛峻法制，制定新的刑罚制度，其中有一项名叫折杖，就是以杖刑折抵原本应承担的刑罚，如流刑、徒刑、杖刑、笞刑等，并根据杖打的身体部位，分为脊杖和臀杖两种。”

“哦！明白了，脊杖就是杖打脊背！”龙小山恍然大悟，接着又有点不相信地问道：“小A，无论打哪儿，杖刑都很残酷啊！你怎么还说宋太祖仁爱宽恕？”

小A笑着说道：“杖刑是比较残酷，但那是跟现在相比，如果跟其他王朝相比，折杖就要轻很多。比如说，杖刑有五等，从六十下到一百下，实行折杖制度后，就变成了处臀杖十三、十五、十七、十八、二十下。这是不是减轻了很多？”

“还真是啊！”龙小山很诧异，同时很疑惑：“宋太祖为什么这么改？”

“这说明宋太祖具有高超的政治智慧和法律智慧。”小A说：“汉唐以来，虽然不乏严刑峻法，但德主刑辅始终是国家治理的基本理念。因此，一些有为的皇帝如宋太祖等，减轻刑罚，施行仁政。如此做法，不仅获得圣君明主的赞誉，客观上也带来良好的社会效果，使社会矛盾缓和，秩序稳定，获得百姓认同，王朝统治更加稳固。”

“其实，宋太祖使用重刑惩治的情况不少，但折杖法的制定既是刑罚轻缓化的表现，同时表明宋太祖已经清楚地认识到，惩罚犯罪不是法律的唯一目的，通过刑罚惩治，导人向善，使罪犯改过自新才是法律的最终目标。”小A接着解释道。

“宋太祖真不愧是一位有为的政治家和法律家！”龙小山感叹。

“当然啦！不过，折杖法主要是针对一些罪行较轻的罪犯，对于特殊重罪是不在此列的。到了北宋中后期，由于社会秩序出现混乱，刑罚又逐渐加重。这可以从《水浒传》中的一些故事中看出来。”小A又对龙小山说道：“《水浒传》还是我国一部经典的文学著作，非常值得看一看哦！”

龙小山肯定地回答道：“嗯！我回去就会看，因为我也想知道林冲故事的后续情节，以及其他梁山好汉的故事呢！”

法博士说

《水浒传》是中国古代四大名著之一，作者施耐庵。《水浒传》取材于北宋末年宋江起义的故事。施耐庵在小说中刻画了108位栩栩如生的人物形象，无论是在语言还是行为动作上，每个人都有自己的特点。除此之外，作者在小说中还客观描绘了北宋时期的社会生活，是我们了解宋元（因为施耐庵是元末明初人）社会的重要途径。书中对监牢、官司、刑案类的事务描写很多，比如，关于林冲、杨志、宋江、武松等人的审讯、定罪、充军、流放、刺文、下狱的经历过程，情节翔实，专业术语使用自如，为我们完整呈现了宋元时期的基层司法过程，百姓的法律意识水平也经此鲜活地展现出来。因此，《水浒传》不仅具有很高的文学价值，还具有深刻的法律史意义。

通关问题

小朋友们，你们知道《水浒传》中还有哪些人物被判“刺配”刑罚吗？

15

宋慈与《洗冤集录》

时空变幻，龙小山来到了一处集市之中，小A也在身旁。集市里人来人往，商铺林立，路边还有很多小摊贩在贩卖各种各样的物品，让人眼花缭乱。

忽然，一声大吼“站住”！龙小山吓得一个激灵，怎么回事？我闯祸了？定睛一瞧，从前方跑过来两个壮汉，一前一后，后边的那个壮汉边跑边喊“站住”。哦！原来不是喊我的。龙小山见此情形，松了一口气。

眼见着后边的壮汉追了上来，抓住了前边逃跑的壮汉，四周的百姓也逐渐围了过来，等着看热闹。龙小山很好奇，也走上前去。

只见两个男人在那儿撕扯着，一个说：“赶快将钱拿出来，竟然趁我给别人剁肉之际偷我的钱！胆子真大啊！”另一个说：“这是我的钱！你竟敢在光天化日之下抢人钱财，真是不要命了！”

原来，后边追赶的那个壮汉是一个屠夫，前边跑的男子是一个过路的人。屠夫说男人偷了他的钱，而男人说屠夫抢他的钱，两人各执一词，一时僵持不下。围观众人也无法判断是非。

就在此时，一个身着官服的中年男子从人群中走了出来，对周围群众说："请大家往外退两步，让本官来断个是非明白！"中年官员喊随从去提一桶清水过来。龙小山很是不解，断案不是得首先询问屠夫和那个男子，调查清楚事实吗？要一桶清水有何用处？

待随从提来一桶清水后，中年官员将那个男人手中的钱放进桶里，仔细看了一眼，然后对那个男子说："大胆窃贼，还不从实招来！"那个男子一开始还抵赖不认，中年官员对他说："你自己过来看看，还敢抵赖？"那个男子看着装水的木桶，目瞪口呆，只好低头认罪。

龙小山好奇地走到木桶旁边，低头一看，只见水面漂浮着一层油花。龙小山有些不理解，这样就能判定钱是屠夫的了？小A跟他解释道："屠夫杀猪切肉，双手会沾上很厚的油脂，经他手的钱，自然也会沾上。那个男子既不卖肉，也没有买肉，双手干净，如果钱是他的，那油脂从何而来呢？"

"好聪明啊！这么快就能想到解决的办法。"龙小山心里想着，想再找那位中年官员时，只见他已走远，于是转头问小A："他是谁啊？"

"他名叫宋慈，南宋时期的著名法医学家，可以说是世界法医学的鼻祖。他编写的《洗冤集录》，是世界上最早的法医学专著，比欧洲同类著作要早三四百年呢！"小A说。

"哇！这么厉害！"龙小山对宋慈既敬佩又好奇，这简直就是中国古代的"福尔摩斯"嘛！龙小山想看看宋慈的破案过程，就对小A说："他都是怎么破案子的啊，我们继续跟着看看吧！"

小A同意了龙小山的请求。通过时空大道，龙小山和小A到了一处郊外，这里是一起杀人案的案发现场。

一位农夫从此路过，闻到一股恶臭，觉得很奇怪，什么东西这么臭？于是，他就沿着臭味寻找，发现了一处堆积的草，臭味就是从草堆里传出来的。农夫便拨开草堆，想一看究竟，万万没有想到，草堆下面竟然有一具男子尸体。农夫吓得跌坐在地上，爬起来后赶紧跑去府衙报案。接到农夫的报案后，宋慈带领衙役赶到现场。

来到尸体发现现场，宋慈仔细观察四周情形，很肯定地说："尸体周围没有打斗的痕迹，此处并非案发第一现场，应该是从别处移尸至此。"仵作和衙役信服地点头，并将宋慈的判断记录到纸上。

接下来，宋慈开始检验死者尸体。仵作揭开死者的上衣，宋慈细细审视死者上身的各处伤痕，指着死者胸口的伤口说："死者胸前有多处刀伤，看这伤口边缘整齐，伤口小而深，应该是镰刀所伤。"

这时，宋慈发现死者右臂有一块火烙伤痕，比较特别，可以据此判断死者身份，于是就让衙役去询问附近的村民。

没过多久，就有一名妇人闻讯赶来，神情焦急，确认死者是她丈夫后，不禁放声痛哭。

待妇人情绪稍微平静后，宋慈问她："这位女子，你丈夫平时可有与人结仇？"

那妇人回答："我丈夫老实忠厚，一向与人为善，并未曾与人结仇。"

宋慈点点头，说："这样说来，可以排除仇杀。"宋慈又让仵作去检查死者的随身衣物，发现衣物完好，财物也在，没有丢失的迹象，也不像谋财害命。宋慈皱着眉头，思索着案情。

龙小山在一旁急了，忍不住说："既不是仇杀，也不是被抢劫，那是因为什么呢？古代也无法查验指纹、血液，找不到破案线索，那岂不是变成悬案了？"

小A回道："别急别急，宋慈可是很厉害的！你再想想，猜猜还有什么线索？"

"嗯，我想不到。"龙小山有些泄气地说。

小A："咱们还是看看宋慈怎么做的吧。"

只见宋慈想了一会儿，就命令衙役去周围的村庄贴告示，在告示中说死者是被镰刀砍死的，要求老百姓把镰刀全部交上来，如果有哪一户胆敢藏匿，说明就是凶手。

龙小山不解："他把镰刀都收来有什么用啊？死者是被镰刀所伤，那么多镰刀，难道还能和伤口对比，然后分辨出是哪一把镰刀伤的吗？而且镰刀都是在铁器店买的，大小、式样都差不多，怎么区分呢？"

小A笑道："宋慈这样做，想必镰刀或许有什么特别用处吧！我们跟上去吧，看看究竟是怎么回事！"

宋慈带领衙役，仔细查看了尸体的周边，都没有发现杀人现场。于是，宋慈就往村庄里走去。来到村子里，宋慈找到村长，说："我仔细查看了方圆三里的地方，都未曾发现杀人现场。因此，我怀疑杀人现场应该是在某户村民家中，不知可否带领我们每家每户查看一番？”

在村长的带领下，宋慈一行人在村里走着，仔细察看，不时地询问村长，了解各家各户的情况。突然，宋慈停下了脚步，望向旁边的一户人家，露出思索的神情。龙小山顺着方向看过去，只见这户人家的房屋和其他人家差不多，没有什么特殊的地方。唯一的差别就是这户人家门口的苍蝇比周围其他人家要多很多，上下飞舞，嗡嗡声让人心烦。

这时，两名衙役赶过来，手里拿着全村上交的镰刀。宋慈让衙役将镰刀整齐排列在空地上，镰刀的主人则站在旁边静静地等候。这些镰刀样式基本相同，只是大小略有差异，但每一把都干干净净，没有沾染一丝血迹。

“这要如何辨别呢？”龙小山和村民们都不明白宋慈的用意，但见宋慈在旁边站着不说话，也只好安静地等着。

不多时，有苍蝇嗡嗡地飞了过来，不过人们并没有在意，因为村子里的苍蝇很多，到处可见，但奇怪的是，几乎所有苍蝇都飞往地上的其中一把镰刀。

龙小山惊讶地说道：“这些苍蝇都飞到了那一把镰刀上了！”

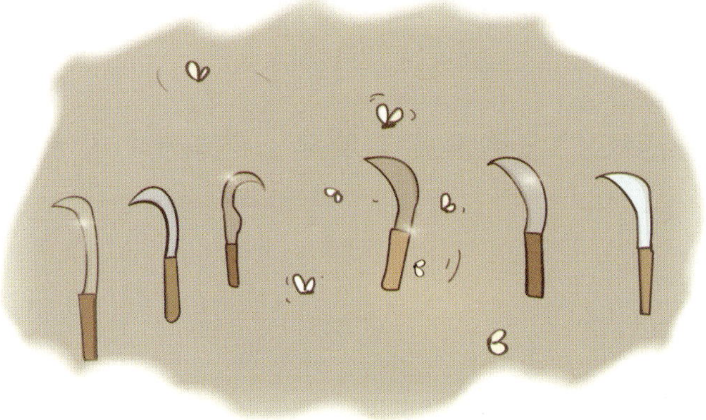

宋慈指着这把镰刀的主人，命令衙役将其带到跟前，喝道："你为何杀人？"只见此人脸色苍白，神情慌张，嘴里不住地嘟囔着："不是我，不是我！"

宋慈指着镰刀上飞舞的苍蝇，说："苍蝇嗜血腥。你这把镰刀上有这么多的苍蝇聚集，说明上面有非常浓的血腥味。你告诉我，血腥味从何而来？"

四周的村民看着镰刀上落满苍蝇的镰刀纷纷低声议论了起来。凶手是谁已非常清楚。龙小山说："啊！那户人家门口飞满苍蝇！"没错，那户人家就是这把凶器的主人家，杀人现场就在那屋内。

小A解释道："现代科学发现，苍蝇的嗅觉极为灵敏。当一只苍蝇受到血腥味和尸臭味的吸引后，它就会释放出信息，其他苍蝇就会群集而至。因此，苍蝇这种嗜血的特性让它们成为案发现场的第一见证者。而早在宋代，宋慈对苍蝇的特性已经有所了解，颇为难得。”

龙小山感叹：“宋慈真是了不起，不愧为中国古代的法医鼻祖！”

法博士说

宋慈，南宋著名法医学家，被称为“法医学之父”。曾任广东、湖南等地提点刑狱官，办案着重实地检验，著有《洗冤集录》。《洗冤集录》由检验总说、验伤、验尸、辨伤、检骨等53项内容组成；对犯罪、犯罪侦察、保辜等有关断案、法吏检验格式程序等亦详加论述。本书内容丰富，见解精湛，虽有论析欠当之处，但绝大部分内容源于实践经验，是中国较早、较完整的法医学专书。后世的很多法医学著作多是以其为蓝本，或加注释，或予以增补。《洗冤集录》对世界法医学的发展有巨大贡献，曾被译成荷兰、英国、法国、德国等多国文字。

通关问题

小朋友们，宋慈在这起杀人案中的破案依据是什么？

16

古代的“律师”——讼师

见识过了宋慈高超的法医鉴定技巧，龙小山对古人的法律智慧佩服不已，对小A说：“古人真聪明啊，一点不比现代人笨！”

小A说：“那是！古人流传下来的很多东西，直到今天都可以给我们带来帮助和启示！龙小山，你有没有看过周星驰主演的电影《九品芝麻官》？”

龙小山说：“我看过的。”

“那其中有一个角色叫方唐镜，专门帮人打官司的，还记得吗？”小A问道。

“记得！那是一个坏人，很讨厌，好像是什么状师。”龙小山说。

“对！状师，在古代也叫讼师，就是专门帮人打官司的，我们今天叫律师。你还记得我们之前提到的邓析吗？”小A问道。

龙小山回答说：“当然记得了！邓析编‘竹刑’嘛，我们前面还看过的。”

“是的，邓析的法律造诣很深，不仅编了‘竹刑’，还经常帮人打官司，是我国律师界的祖师爷。他根据案件大小，确定收费标准。一般来说，较大的案子收一件长衫，较小的案子则收一件短袄或者裤子。”

龙小山忍不住笑了起来：“收长衫，还收短袄或者裤子，哈哈！”

小A也笑了，说：“那个时候的金属货币数量少，很多人家中都没有多余的货币储存，布帛和粮食在当时是可以作为货币流通的，就连官府征收赋税也以粮食、布帛为主。”

听了小A的解释，龙小山明白过来，不是邓析不想收钱，而是没钱可收。

“来，咱们坐下来，暂时歇息一会儿，听我跟你讲讲邓析的轶事。”小A还没说完，龙小山就迫不及待地说：“快说快说，是有关他打官司的故事吗？”

“是的。”小A笑着点点头，接着就跟龙小山讲起了邓析的故事。

一次，连续多天暴雨，洪水泛滥，有一个富人被大水冲走，淹死了。富人的尸体漂浮到河流下游，被一户人家打捞起来。富人的家人得知后，就想赎回尸体，但捞尸体的人要价很高，富人的家人不想给，该怎么办呢？富人家属就来找邓析，请他帮忙出主意。“你猜邓析怎么说？”小A问龙小山。

“去官府告状？尸体应该归还他家属的，不应该要很多钱。”

龙小山想了想，有些不确定地说。

小A笑着说："可不是这样哦！邓析让富人的家属安心回家，他跟人家说，富人尸体只能卖给你们，别人是不会买的。家属一听，的确如此，就不急了，安心地待在家里。一听富人家属不来赎尸体，捞尸体的人也着急了，这该如何是好？有人跟他说，邓析非常聪明，主意多，你去请邓析帮忙。于是，捞尸体的人也来找邓析出主意。龙小山，你再猜猜，邓析会说什么？"

龙小山灵光一现，说："家属只能向你买，没有别的地方可以买回尸体，对吗？"

小A哈哈大笑："你真聪明！邓析就是这么说的。"

"但是这样，家属和打捞尸体的人最后都没办法得到自己想要的啊。"龙小山疑惑。

小A说："是啊！僵持到最后，尸体都发臭了，捞尸体的人只好让富人家属领回家草草下葬。双方都没有达到自己的目的。这则故事体现了邓析高超的辩证思维和谈判技巧。他两次分别站在当事人的角度，找到有利的案件事实，解决了当事人的难题，但邓析在这则故事中的形象并不好，值得警醒。当然，放在现代，邓析的做法属于双方代理，是违反法律规定的。我们现在的法律规定，在同一案件中，律师不能同时作为双方当事人的代理人参加诉讼。"

讲到这，龙小山的心中突然萌生一个念头，是不是可以尝试一把当讼师呢？应该很有趣的。想到就做，龙小山问小A："我现在可以转换角色模式吗？"

小A有些狐疑地看着龙小山，不确定地问："你想要转换什么角色模式？是不是想体验讼师？"

"是的，是的！我想尝试体验一番！"小A有些兴奋。

小A同意了，按动按钮，"滴"的一声，模式转换成功，龙小山由参观者变成了参与者。只见光影摇曳中，龙小山摇身一变，头戴方巾帽，身着青色长衫，手持一把折扇，正站在府衙堂下。

原来，龙小山是被告请来的讼师。此时，原告、被告都已在堂下等候府尹升堂断案，大堂的地上还摆放着一具尸体。

待到府尹升堂后，府尹发问："堂下站立何人，所为何事？一一说来。"

原告口称："启禀大人，小人赵某！小民状告钱某的儿子钱富贵。昨晚钱富贵打伤我儿子赵有才，活活将我儿子打死了。我儿子死得冤枉啊！请大人为我们作主，严惩凶手钱富贵！"

"竟有此事！被告钱富贵，原告所说情事，是否属实？"府尹听完原告的呈词，又向被告发问。

钱某替钱富贵回答："启禀大人，小人钱某，乃钱富贵父亲！大人，冤枉啊！赵某说我儿子将他儿子赵有才打死，实在是冤枉啊，赵有才把我儿子手指打断了！我也要告他！请大人明断啊！"

"哦，钱富贵可在？"府尹问。

这时，钱富贵来到堂上，府尹问："钱富贵，你父所说，是否属实？"

"启禀大人，的确属实，小人不敢欺瞒。"钱富贵回答。

府尹接着问："可有人证？"

"启禀大人，昨晚小人与赵有才一同喝酒，没有其他人在。因喝酒时发生口角，我俩争斗起来，我就打了他两拳。"

"大人，他承认打了我儿子，我儿死得冤枉啊，请大人为我作

主！”原告哭着说道。

龙小山看着原告、被告一来一往的控诉，一时竟忘了自己现在是被告钱富贵请来的讼师。见龙小山在那儿不吱声，钱某急了，对龙小山焦急地喊了声：“大状！”龙小山一激灵，这才想起自己现在是钱富贵的讼师。可是怎么辩护呢？还真是看着容易做起来难，龙小山一时有些茫然。

想了想，龙小山硬着头皮问当事人：“钱富贵，昨晚你和赵有才争斗之后，你俩分别到哪儿去了？”

“我和赵有才争斗后，都没当回事，接着又斗了几句嘴，我就先回家了。我走的时候，赵有才还是好好的，我也不知道他去哪儿了？都干了些什么？”

龙小山于是转头问赵有才的父亲：“赵某，你是在何处发现你儿子赵有才尸体的？”

“在我家里。今天早晨，我喊儿子起来吃早饭，可没人回应。我就进房间查看，发现我儿子躺在床上，已经没气了。”

龙小山接着问道：“那你有何证据证明是钱富贵打死了你儿子的？”

赵某说：“昨晚，我儿子回到家，跟我说今天喝酒不痛快，我就问为什么。他说喝酒的时候和钱富贵争吵起来，钱富贵还打了他两拳。不料今早我儿子就死了，这还不能证明吗？”

府尹听了，说："是啊，赵有才现在死了，钱富贵也确实打了赵有才。"

龙小山有些愣住了，怎样才能证明赵有才的死亡跟钱富贵没关系呢？

这时，府尹身边的师爷突然问道："赵某，你儿子昨晚被打，却是今早死的，如何确定是被钱富贵打死的？"

龙小山灵光一闪："对啊！如果我打了你，你一两年之后死了，我也要负责吗？"

于是，龙小山问钱富贵："你打了赵有才两拳，确定吗？"

"是啊，我很确定，我就过去随便打了两拳。"

"打在哪儿？"龙小山接着问道。

钱富贵回答："我第一拳打在他胸口靠肩膀的位置，第二拳打到了他胳膊上。"

龙小山听了钱富贵的回答，想了想：怎样确定他的击打部位呢？不能仅凭他一面之词呀。嗯，有了，我可以询问仵作，看验尸结果如何。

于是，龙小山转身向府尹施了一礼，说道："大人，请问仵作有无检验赵有才尸体？结果如何？"

府尹看向旁边站立的仵作，说："你且将尸体检验结果告诉他。"

仵作说："经本人仔细检查，赵有才全身并无致命创伤，也无中毒情形。死者脸部表情平静，眼睛一大一小，有充血，两耳有血快，其左胸靠肩部位和左臂膀各有一小块青色瘀斑，应是拳头击打所致。"

听了仵作的报告，龙小山对赵有才的死因已有了准确答案：眼睛充血，两耳有血块，这说明赵有才是死于脑出血。可是怎么才能解释得通呢？古人可不知道脑出血。

龙小山挠了挠头，对府尹躬身施礼，说："大人，此案情已颇为明了。由仵作检验结果可知，钱富贵所说属实。我们知道，他打赵有才的两拳都不在致命部位，根本不可能导致死亡。赵有才两眼、两耳均出血，说明其死亡是头颅内部出血所致，与钱富贵无关。"

府尹听了龙小山的一番陈述，结合仵作的尸体检验结果，心中已有结论，说："根据本官调查和仵作的尸体检验结果，本官判决赵有才之死与钱富贵无关，钱富贵无罪开释。但鉴于此前钱富贵曾与赵有才有争执，判令钱富贵赔偿赵某白银五两，以全人情。赵某、钱某，你等可服？"

赵某、钱某、钱富贵都躬身回答："小民等心服口服！"

"既然如此，退堂！"府尹喝道。

此案顺利了结，龙小山不禁洋洋得意，不仅查明了赵有才的真实死因，还帮助被告赢了官司，但同时有些忐忑，发现当律师真不是一件容易的事。

法博士说

邓析之后，讼师（也称状师）逐渐发展成为一个行业。至明清时期，随着人口的增长和社会经济的发展，人们私权意识不断增强，纠纷日益增多，讼师成为诉讼中不可或缺的角色。讼师的主要业务是代写书状，这些书状包括遗嘱、各种契约、呈状以及工商行政方面的申请，更多的是谋写诉状。概略地说，讼师在古代社会中扮演“准律师”的角色。他们可能为金钱利益而充当“挑词架讼”的“讼棍”角色，也可能因以法维权而赢得“讼师”的尊称，具有极强的两面性。

通关问题

小朋友们，律师的职责是什么？

17

邓廷桢机智雪冤

话说上回龙小山体验了一把讼师角色，既兴奋又忐忑，但得知要做一名律师是需要掌握专业法律知识的，决定还是选择参观模式。

时空穿梭，龙小山和精灵导游小A已然身处一座城内。脚下通铺石砖，街道平直而宽阔，两边的屋宇鳞次栉比，有茶楼、酒馆、当铺、作坊等。街道两旁和拐角的空地上有不少卖各色商品、食物的小商贩，还有耍杂技的、卖艺的，叫卖声、揽客声、叫好声交杂，非常热闹。

街上人流不息，有挑担赶路的，有推车送货的，有逛街购买物品的，也有巡逻的士兵。街道的尽头，耸立着高大的城墙。城墙的下方，一道幽深的城门洞连通城墙内外，城门洞的上方镶嵌着三个金色大字“永宁门”。原来是清朝时期的西安城。

龙小山和小 A 漫步在永宁门外的大街上，左看看右看看，欣赏着古朴的建筑，观察着人们的生活。

突然，靠近城门洞的地方开始喧闹起来，人群逐渐向前涌去。

“这是犯了什么事？”

“听说有人下砒霜毒死人了！”

“哇！真是心狠呀！难道双方有深仇大恨不成？”

“不清楚！”

“好像没有什么深仇大恨！不过两人此前曾有争吵，还差点动起手来。”有熟悉双方的人在一旁解释。

“那也不至于下毒杀人啊！而且郑魁这人本性并不坏！”另一个认识犯人郑魁的人在一旁说道。

“会不会郑魁是被冤枉的？”有人提出了疑问。

“不会的，听说有很多人作证，比如，卖砒霜的、卖馒头的，还有死者的邻居，都说郑魁就是凶手。”

“是吗？唉！真是可恨又可怜啊！”

只见两队官兵押着一名身材高大壮实、相貌凶狠、神情沮丧的犯人慢慢走来，“嘘！小点声！”街上众人赶紧往街道两旁闪避。

正在这时，路边人群中冲出一名女子，手里拉着两个小孩，一大一小，一男一女，三人哭喊着“娃他爹”“爹爹”，奔向被押解的犯人。原来他们是犯人郑魁的妻子和孩子。

押送官兵赶紧拦住冲过来的妇人和小孩，将她们和郑魁隔开。郑魁看到妻子和孩子，情绪顿时激动起来，一边用力挣扎着想靠近他们，一边喊着：“我没有杀人，我是被冤枉的，你们赶紧去找知府大人为我申冤！”

押送犯人的队伍逐渐走远，郑魁的妻子和孩子还呆呆地站在原地，泪流满面，茫然无措。旁边认识她们的热心人提醒道：“郑魁不是让你们帮他申冤吗？还不赶紧去知府衙门找邓大人。邓大人就跟神一样，一定能够查明真相。”

龙小山看着这一切，忍不住和小 A 说：“小 A，你认为郑魁是被冤枉的吗？”

小A说："我认为不管用，杀没杀人，需要证据说话！"

龙小山说："那么多人作证，而且郑魁长得那么凶恶，一看就不是好人！"

小A忍不住笑了："龙小山，你这可就不对了！好人坏人不是根据长相来区分的哦！"

龙小山尴尬地笑了，说："我们还是去看看神一样的知府大人能否查出真相吧！"

这时，在旁人的提醒下，郑魁妻子才想起来要去知府衙门为丈夫申冤。她牵着两个小孩，急匆匆地向知府衙门赶去，身后跟随着一群热心的人，龙小山和小A也在其中。

知府衙门就在钟楼旁边。众人一起来到知府衙门口，郑魁妻子走到衙门左边的大鼓前面，拿起鼓槌，用力敲打起来，鼓声惊动了整个府衙，衙役和师爷相继赶到府衙门口，经过简单询问，将郑魁妻子和孩子引到了府衙大堂。此时，知府大人已经身穿官服，头戴花翎，神情严肃地端坐在大堂之上，等候衙役将击鼓鸣冤之人带来。龙小山和小A也跟着众人一起来到府衙大堂下方，欲要旁观知府大人如何神明断案。

“这个知府大人名叫邓廷桢，是清代有名的官员，官至总督，还是抗击英国入侵的民族英雄。邓廷桢精通政务，治理有方，善于断案，因此被誉为‘神明’。此外，他还是清代有名的诗人、书法家。”听完小 A 的介绍，龙小山不由得竖起大拇指，赞叹声啧啧不绝。

邓廷桢一面仔细询问郑魁妻子，了解郑魁的平时言行，一面让衙役快马去往汉中县调来郑魁案件的卷宗，同时传唤案件的有关证人到场。

原来，郑魁是汉中兵营的一名士卒，有一天与死者发生争吵，产生矛盾。不料，没过几天，死者突然毙命，嘴唇乌青。由于事发突然，死者家人认为是有人谋害，就向汉中县衙控诉。汉中县令经过调查，发现郑魁的嫌疑最大。因为郑魁不仅与死者有矛盾，而且此前恰好买过砒霜。于是，在卖砒霜的人、卖馒头的人以及死者的邻居等人作证下，判定郑魁在馒头里下砒霜毒死他人。郑魁被判处死刑，等到秋后问斩。

仔细审阅着郑魁案件的卷宗，邓廷桢不由得蹙眉，再看看堂下郑魁妻子和孩子以及三名证人，有了决断。

“啪！”邓廷桢一拍惊堂木，喝问：“你等三人是本案的证人？”

“回大人，是的。”

“姓甚名谁？做何营生？”

“回大人，小民某某，是开药店的！”“回大人，小民某某，是卖馒头的！”“回大人，民妇某某氏，是死者邻居的妻子。”三名证人分别回答道。

“那你们平时与郑魁熟悉吗？”邓廷桢接着问道。

“不熟！”三名证人几乎同时回答道。

闻言，邓廷桢不由得“哦”了一声，他仔细看了看三名证人，指着卖馒头的人说：“你且上前一步回话！”

卖馒头的人往前走了两步，来到邓廷桢面前。

邓廷桢问道：“你一天能卖多少个馒头？”

卖馒头的人回答：“二三百个。”

“一个人大概买多少个？”

“三四个吧。”

“这么说来，你每天要接触上百个人？”

“是的！”

“每天这么多人，你都能记住他们的相貌、姓名和时间吗？”

“不能。”

“那为何你能记住郑魁来买馒头的时间？”

卖馒头的人顿时哑口无言，不知所措。

邓廷桢再三追问，卖馒头的人终于说出了实情：“我也不知道事情的具体情况。那天，县里的官差来跟我说：‘县衙正在审理一起杀人案，犯罪者已经认罪，但还缺少一个卖馒头的，你何不来作证？’我不好拒绝，就去了县衙，作证说郑魁是在我这里买的馒头。”

听完卖馒头的陈述，邓廷桢让他退到堂下，接下来分别询问了另外两名证人。与卖馒头的一样，死者邻居家的妇女之所以作证，也是受县衙官差指使。只有卖砒霜的证词是真的，但郑魁买砒霜其实是为了毒杀家里的老鼠。

经过一番询问甄别，郑魁毒死人的事实显然证据不足，但死者暴毙的原因究竟为何，还须查明。

邓廷桢将死者的家人传唤过来，询问死者死亡前后的情形。经过详细询问，发现死者临死时的情形与被砒霜毒死时的情形不相符。被砒霜毒死者，嘴唇紫黑，口眼耳鼻有黑血渗出，但死者临死前情绪烦躁，而且怕光、怕声、怕风、怕水，嘴唇乌青。再进一步询问，了解到死者生前曾被疯狗咬过，而狂犬病的症状恰与死者临死时的情形相符。因此，可以确定，死者的真正死因是狂犬病发作，而非被毒死。

至此，这起案件真相大白，郑魁的冤情终于得以昭雪。邓廷桢当堂判决郑魁无罪释放，卖馒头的、死者邻居家的妇女虽事出有因，但因为作伪证，不可不罚，判决笞二十，罚银五两，以示警诫。

看着相拥在一起的郑魁一家人，龙小山不由感叹道："幸亏邓廷桢是真的'神明'，否则郑魁可就冤死了！"

"邓廷桢真的是神吗？"小A笑着问道。

"当然不是！但他真是一个非常聪明、合格的法官！他的细心和谨慎，值得我们敬佩和学习！"龙小山回答道。

法博士说

邓廷桢（1776—1846年），江苏南京人，清代诗人、书法家，抗英民族英雄。1801年中进士，历任西安诸知府、江西布政使、陕西按察使、安徽巡抚、两广总督、闽浙总督等职。1840年9月，与林则徐同时被革职，遣戍伊犁，两年后重新任用，先后任甘肃布政使、陕西巡抚、陕甘总督，1846年卒于任上。在任职两广总督和闽浙总督期间，邓廷桢积极整顿防务，购置武器，扩建炮台，招募训练水兵，加强巡卫，与林则徐密切配合，为抗击英军入侵作出了一定的贡献。留传下来的著作有《诗双声叠韵谱》、《说文解字双声叠韵谱》、《石观斋诗抄》及《双砚斋词话》等。他还是著名的书法家，以小篆最精。现藏于南京市博物馆的玉筋体小篆《说文叙辞轴》，用笔圆劲匀称，端正秀丽，从中可见其刚正不阿的气质。

《国朝先正事略》中记载有邓廷桢的雪冤事迹。

通关问题

小朋友们，邓廷桢是如何发现案卷漏洞的？

18

沈家本与“礼法之争”

带着对邓廷桢的敬佩之情，龙小山和小A踏上了时空大道，向下一关前进。

时空场景转换，龙小山跟小A来到一处府衙前面，府衙大门正上方的牌匾写着“修订法律馆”五个大字。“修订法律馆！修订法律的地方，得进去看看以前的法律是怎么制定出来的。”龙小山怀着好奇，和小A走了进去。

转过照壁，经过庭院，龙小山和小A来到了一个厅堂里。室内正中有一张深红色长木桌，长桌的两旁各摆放了四把木椅。

龙小山正在琢磨这是会议室还是办公室时，从外面走进来八名官员。领头的两名官员六十多岁，面容清瘦，眼神锐利，中等身材，身穿飞禽官服。官员们分两边坐好后，一位级别较低的官员将手中的文件分别呈送给各位官员。随后，坐在桌子左手边的那位官员，也就是刚才领头的两位官员中的一位站起来，双手抱拳向其他官员施礼，开口说道：“香帅大人，各位大人，遵陛下圣谕，今日我等聚集在此，详议下官主持起草的刑律草案，还请各位大人畅所欲言，不吝指教！”

各位官员纷纷回礼，然后开始翻阅手中的文件。翻阅过程中，一些官员的脸色变得阴沉，神情沉重，甚至有的官员脸色发红，想要生气怒吼，一时间室内的空气似乎凝结了，气氛有些紧张。

龙小山见此情形，不禁问道：“小 A，这些人不是要开会讨论什么草案吗？怎么感觉要吵架呢？有种剑拔弩张的感觉。”

小A说：“算是吵架吧，严格来说应该是争论。”

待各位官员将刑律草案都仔细翻阅一遍后，只见最先领头进来的那位年老官员抬起头来，率先开口，慢条斯理地说道：“子惇大人，这次你主持修订的刑律草案，将以前的酷刑、重刑尽行删除，对此我表示极为赞同。因为这符合当前新政改革的目标。”

坐在他对面的官员回应道：“非常感谢张香帅的理解和支持，香帅所言，正与我之本意相合。”

龙小山在一旁听了，忍不住笑道：“香帅？难道是楚留香穿越而来？”

小A乐了：“别张冠李戴了，此香帅非彼香帅。这位香帅就是清末四大名臣之一的张之洞，因他号香涛，曾任湖广总督，所以当时多称他为张香帅，与古龙小说中的楚留香差别大了。”

“原来如此！那另一位官员又是谁啊？”龙小山接着问道。

小A说：“他啊！是当时的刑部右侍郎、修订法律大臣沈家本，中国法律的近代化就是在他手上开启的，所以，后来有学者称赞他是东西法制的‘冰人’”。

“‘冰人’？什么意思啊？”龙小山一头雾水，不解地问。

小A解释说：“‘冰人’源于《晋书》中记载的一个故事。一个名叫令狐策的，有一天晚上做梦，梦见自己站在冰上，和冰底下的人对话。令狐策醒来后，觉得很奇怪，就去找一个叫索统的人解梦，就是卜问吉凶。索统告诉他，冰上为阳，冰下为阴，意味着可以沟通阴阳两方，为双方互通信息，是要成为媒人的征兆。不久后，令狐策果然成为媒人，预兆应验。此后，‘冰人’就成为媒人的别称。”

龙小山说：“那称赞沈家本是东西法制的‘冰人’，意思就是说他是连接东西方法律的媒人？”

小A回答：“嗯，大概就是这个意思。因为沈家本主张‘参考古今，博稽中外’，将西方先进的法制观念和法律制度引进中国的法律改革中。他把中国传统法律和西方近代法律理念结合在一起，像一个媒人一样使中国法律由古代向近代慢慢转化，因此他也被称为‘中国近代法律第一人’。刚才张之洞不就对沈家本在刑律草案中删除以前的那些酷刑表示赞同嘛！”

二人正聊着，就听张之洞又对沈家本说：“子惇啊！虽然你主持起草的这部刑律草案很先进，符合西方近代法理，但我以为，其中也有一些不妥之处，有待斟酌。”

沈家本说：“哦！还请香帅大人指出，我们共同商议为妥。”

张之洞慢条斯理，指着文件说：“根据西方法理和当前我大清的形势，刑律草案对罪名进行了修改，有新增，也有删除。但有几处变动，颇有些不解。其一，为何删去干名犯义条？其二，为何没有子孙违反教令的罪名及惩罚？其三，子孙竟能对尊长的杖打进行防卫？子惇，还请你解释理由，与我等说明白。”

沈家本略微挺直腰身，目光巡视了在座官员一圈，说：“香帅大人，各位大人，请听下官解释。我大清此次修律，是为达成废除治外法权之目标。而按照西方诸国通行的法理，子孙控告祖父母和父母等‘干名犯义’的行为，实属告诉之事，可以在编纂判决录时规定清楚，不必单独制定专门条款。此为其一。”

沈家本缓了一口气，接着说：“子孙违反尊长教令，按诸西方法理和法条，并非刑事犯罪，而是属于道德有失，应通过教育来改变，可仿效西方设立感化院对违反尊长教令的子孙进行教育训导，故不必在刑律中进行规定。此为其二。”

“其三，刑律为国家之基本法典，是我大清皇上对于全国人民的一种限制，至为重要。父杀其子，君主治以不慈之罪；子杀其父，则治以不孝之罪，唯有如此，才显得公平。因此，草案规定子孙对尊长的杖打进行防卫，应属正当，不应为罪。”

待沈家本说完，旁边的一位官员反驳道：“法律与道德教化的确不能混为一谈，但两者其实互为表里。如果一定要将法律与道德教化分开，说二者毫不相关，无疑属于谬妄之论。”

另一位官员也提出反对意见：“中国自古以来就非常重视纲常伦理，尊卑等级显明，所以在律例中设有干名犯义专条，立法特为严重，今刑律草案完全删去，殊为不妥。再者，天下无不是之父母，子孙对父母、祖父母的教训惩戒，我等只可像舜帝那样大杖则走，小杖即受，万不可承认‘正当防卫’，更不能将祖父母、父母的子孙治罪之权删去，否则，忠孝节悌，从何而来，又将向何处去？”

这时，张之洞站起来，对沈家本等人拱手施礼，说：“子惇，各位大人，起草新刑律，乃国之大事，不可不慎重。为收回治外法权，刑律草案固然需要符合西方近代法理，但也须符合我大清的国情民情。仁礼乃是我大清的根本，也是中国之所以为‘中’之根源。今刑律草案完全抛弃此根本，以西方法理为宗，本末倒置，

‘中’将不‘中’矣！还请子惇和各位大人三思啊！”

沈家本沉思良久，抬起头对张之洞说：“香帅与各位大人所言颇有道理，但子惇有一问题请教诸位大人，今我大清势弱，要想挽回利权，何路可达？”

众人默然，张之洞长叹一声，欲言又止。

见众人无话，沈家本挺起胸膛，坚定地说：“商战、兵战、学战皆不见成效，我以为，当前唯有学习西方，制定法典，施行法治，才能挽救我大清于危亡倾塌之中。”

看到这儿，龙小山不禁感叹：“沈家本真不愧是中国法制近代化的开拓者！”

小A接着说：“是啊！正是因为有沈家本的坚持和努力，清末法律变革才得以收获一系列立法成果，虽然其中一些并未来得及施行，但为后来者提供了宝贵的经验教训。这场争论就是近代法律史上著名的‘礼法之争’，也是近代中国关于法律思想的第一次论争，对以后的法制建设具有重要影响。你猜猜，他们谁代表礼，谁代表法？”

龙小山毫不犹豫地说：“我很肯定并确定地回答你，沈家本代表法，张之洞代表礼。”

小A笑着说：“哈哈，没错！除编订法律外，沈家本还率领修订法律馆的同事翻译外国法典，出版中国法典，设置法律学堂，建立法学会，举办法政研究所，有力地推动了法律的普及和法律意识的提升，促进了东西方法律的融合。”

“沈家本还真无愧于‘法制冰人’的美誉！”龙小山啧啧称赞，满脸崇拜地走出了“会议室”。

法博士说

沈家本生于1840年，卒于1913年，字子惇，别号寄簃，浙江吴兴（今浙江湖州）人，光绪九年（1883年）进士。长期任职刑部，对法律极为熟悉。1892年出任天津知府，在任期间宽严结合，恩威并施，政声颇佳。1897年，调任保定知府。次年，保定发生教案，沈家本按法据理力争，处理妥善。1901年，沈家本升任刑部右侍郎。不久，被保举为修订法律大臣，与伍廷芳一起主持清末修律工作。此后，历任大理院正卿、法部右侍郎、资政院副总裁等职。

沈家本一生勤研法律，留下著作30余种，如《历代刑法考》《明律目笺》《文字狱》《刑案汇览》《寄簃文存》《读律校勘记》等。清末修律期间，他主持制定了《大清民律草案》《大清刑事诉讼律草案》《大清民事诉讼律草案》等一系列法典，建议废止凌迟、枭首、戮尸、刺字等酷刑，形成“参考古今，博稽中外，融会贯通，不存偏见”的独特修律风格。此外，沈家本还提出了一系列法律改革主张，如翻译外国法、创办京师法律学堂等，开创了中国近代法学教育和研究，是当之无愧的中国法制现代化之父。

通关问题

沈家本为中国法律的近代化作出了哪些贡献？

结尾

话说龙小山走出“修订法律馆”大门，踏上时空大道，准备继续前往下一站。不料，耳边响起系统提示音：“各位游客，请注意！上午参观时间已到，博物馆即将闭馆！请各位游客带好随身物品，有序出馆！谢谢！”

龙小山惊讶地看着小A：“这么快就到闭馆时间了？”

小A笑着说：“当然了，马上12点了，到中午闭馆的时间了！如果还想参观，下午再来吧！龙小山，再见了！祝周末愉快！”

“再见，小A！谢谢你的陪伴和精彩讲解！谢谢！”龙小山挥手告别精灵导游小A，摘下太空头盔和耳机，背上背包，跨出太空舱座椅，来到体验大厅门口，只见龙爸爸正站在一旁，笑呵呵地看着他。

“龙小山，感觉怎么样？是不是很过瘾啊？”龙爸爸问道。

“哇哦，太爽了！我已经迫不及待要讲给姐姐听了，就是时间太短了，我还没看够，就结束了！”龙小山兴奋地说。

看着龙小山意犹未尽的神情，龙爸爸哈哈大笑，说：“那你可得努力了！你得完成制定的目标任务才可以再来哦！”

听了爸爸的话，龙小山苦着脸说：“老爸，可不可以宽容一下嘛？”

“无规矩不成方圆！今天你参观的内容不就告诉我们要有规则意识吗？”听了龙爸爸的话，龙小山回想起先前在博物馆参观所看到的故事。是啊！法律是社会秩序的基础，是保护个人权益的武器，我们不仅要知法、用法，还要守法、护法。

“嗯！”龙小山点了点头，“我一定要遵守规则，培养法律意识！成为一名遵纪守法的新时代少年！”

龙小山和龙爸爸一起走出中华法制文明博物馆，沐浴着灿烂的阳光，踏上了回家的路程。